*Kleine Bibliothek* 499

*Politik und Zeitgeschichte*

*Michail Gorbatschow*

# Perestroika
# Die zweite Etappe hat begonnen

## Eine Debatte über die Zukunft der Reformpolitik

*Pahl-Rugenstein*

*Edition*

**Blätter für deutsche und internationale Politik**

In der »Edition Blätter« erscheinen von der Redaktion der Monatszeitschrift »Blätter für deutsche und internationale Politik« ausgewählte Dokumente und Analysen. Die Bände der »Edition Blätter«, Sonderdrucke der Zeitschrift und Originalausgaben, erscheinen in unregelmäßiger Folge als aktuelle und zugleich über den Tag hinaus gültige Beiträge zu Schlüsselfragen der Zeit.

Zweite, erweiterte Auflage 1988
Pahl-Rugenstein Verlag GmbH, Köln 1988
Umschlaggestaltung: Reihenkonzept PRV, Umschlaggestaltung: R. R. Neubauer
Satzarbeiten: ICS Communikations-Service GmbH, Bergisch Gladbach
Druck: Plambeck & Co. Druck und Verlag GmbH, Neuss
ISBN 3-7609-1224-9

CIP-Kurztitelaufnahme der Deutschen Bibliothek
**Perestroika – die zweite Etappe hat begonnen:** e. Debatte über d. Zukunft d. Reformpolitik / Michail Gorbatschow. – Köln: Pahl-Rugenstein, 1988
(Kleine Bibliothek; 499; Politik und Zeitgeschichte)
ISBN 3-7609-1224-9
NE: Gorbačev, Michail [Mitverf.]; GT

# Inhalt

# Vorwort

Seit Mitte 1987 zeichnet sich eine Wiederbelebung der »Kreml-Astrologie« vor-Gorbatschow'schen Stils ab: Der Reformpolitik des Generalsekretärs wird mehr oder weniger regelmäßig bescheinigt, daß sie zum Stillstand komme, keinen Rückhalt außerhalb einer kleinen Schicht von Intellektuellen, Medien- und Kulturvertretern habe, eher früher als später zwangsläufig scheitern müsse. Von Gorbatschow selbst heißt es in solchen Deutungen, er habe in der sowjetischen Führung an Boden verloren, seine Gegner formierten sich und seien im Begriff, das Gesetz des Handelns an sich zu reißen. Namen mächtiger Gegenspieler werden gehandelt. Kräftige Nahrung erhielten Befürchtungen wie Hoffnungen, die Politik der Perestroika sei in die Krise geraten, durch die Umstände der Ablösung Boris Jelzins, eines der bekanntesten Reformer, als Chef der Moskauer Parteiorganisation im Herbst 1987.

»Wir wollen keinen Hehl daraus machen«, stellt Gorbatschow dazu in diesem Buch fest, daß die scharfe Auseinandersetzung mit Jelzin auf dem Oktober-Plenum der KPdSU »von einem bestimmten Teil der Intelligenz, ganz besonders von der Jugend, als ein Schlag gegen die Umgestaltung (Perestroika) aufgenommen wurde.« Dies sei jedoch »ein tiefer Irrtum.«

Das vorliegende Buch enthält die gegenwärtig wohl aufschlußreichste Lagebeurteilung aus dem Zentrum der sowjetischen Reformdiskussion, ein authentisches Dokument des tatsächlichen Standes der Debatte, der Stärken und Schwächen der Reformpolitik, so wie ihre Protagonisten selbst sie heute sehen. Michail Gorbatschow diskutiert mit führenden Publizisten, Vertretern der sowjetischen Massenmedien, aus Kultur- und Wissenschaft. Seine Devise: »Die jetzige Zeit ist für unser Land eine schicksalhafte Zeit, und es ist notwendig, daß wir erneut den Gang unserer Uhren prüfen.«

Die erste Etappe der Perestroika, sagt Gorbatschow, sei im großen und ganzen vollendet. Nun beginne die zweite, die komplizierteste

Etappe. Das, was von der politischen Führung und »vom fortschrittlichsten Teil unseres Volkes erkannt wurde«, müsse jetzt vom ganzen Volk, von all seinen Schichten erkannt und tagtägliche Praxis werden. Das Januar-Plenum des Zentralkomitees habe den richtigen Kurs festgelegt: »Über die Demokratisierung, über die Einbeziehung des Volkes in alle gesellschaftlichen Prozesse kann man die Umgestaltung verwirklichen und ihr unumkehrbaren Charakter verleihen.«

An der Diskussion, die am 8. Januar 1988 im Zentralkomitee der KPdSU stattfand, waren die Chefredakteure der wichtigsten Zeitungen des Landes, darunter der »Prawda«, der »Iswestija« und der »Sowjetskaja Rossija«, der Zeitschriften »Literaturnaja Gazeta«, »Ogonjok« und »Nowy Mir«, Köpfe von internationalem Ruf wie etwa Valentin Falin, Sergej Salygin oder Elem Klimow beteiligt. Niemand nahm ein Blatt vor den Mund.

Der Pahl-Rugenstein Verlag und die Redaktion der Monatszeitschrift »Blätter für deutsche und internationale Politik« legen erstmals in deutscher Sprache den ungekürzten Wortlaut aller Beiträge der Debatte vom 8. Januar sowie der wegweisenden Rede Gorbatschows vom 17. Februar 1988 vor. Letztere knüpft an die große Demokratie-Rede vom Januar 1987 an, deren Thesen sie in wichtigen Punkten weiterentwickelt, etwa mit der Forderung nach Umgestaltung des politischen Systems in der Sowjetunion. Im Anhang wird die aufsehenerregende Kontroverse zwischen den Parteizeitungen »Sowjetskaja Rossija« und »Prawda« über den Reformkurs dokumentiert, ferner auszugsweise die Prager Rede Anatoli Dobrynins vom 12. April 1988 über veränderte, z. T. prinzipiell neue Bedingungen für Sozialismus, Klassenkampf und nationale Befreiung.

Das Buch trägt jenseits kurzlebiger Spekulationen wesentlich zur Beantwortung der Fragen all derer bei, die sich über die Zukunft von Glasnost und Perestroika Gedanken machen.

Pahl-Rugenstein Verlag

»Blätter für deutsche und
internationale Politik«

*Michail Gorbatschow*

# »Demokratisierung – das ist das Wesen der Umgestaltung, das Wesen des Sozialismus«

Genossen! Wir treffen uns gleich zu Beginn des neuen Jahres. Es wird aber nicht nur um das neue, sondern auch um das alte Jahr gehen. Und zwar nicht etwa, weil es üblich ist, an der Nahtstelle zweier Jahre eben auf diese Weise, unter diesem Blickwinkel die Probleme zu betrachten, sondern deshalb, weil das vergangene Jahr und das neue Jahr, das eigentlich schon voll auf seine Rechte pocht, miteinander unlöslich verbunden sind.

## Notwendig, erneut den Gang unserer Uhren zu prüfen

Wir wollen das heutige Gespräch im Geiste jener Begegnungen gestalten, die wir schon einmal hatten: kameradschaftlich und offen. Die jetzige Zeit ist für unser Land eine schicksalhafte Zeit, und es ist notwendig, daß wir erneut den Gang unserer Uhren prüfen. Deshalb führen wir derartige Gespräche vor allem innerhalb der Partei selbst, mit dem Parteiapparat, mit allen Schichten unseres Volkes. Selbstverständlich wollen wir auch jene gute Tradition fortsetzen, die sich bei uns herausgebildet hat, nämlich die Treffen mit den Leitern der Massenmedien und der Berufsverbände der Kulturschaffenden.

Wir brauchen dringend den Austausch von Gedanken und Meinungen, die kameradschaftliche Diskussion. Deshalb messen wir den Begegnungen mit Ihnen, liebe Genossen, große Bedeutung bei.

Ich habe gesagt, daß wir uns an der Nahtstelle der Jahre 1987 und 1988 treffen. Das allein regt schon dazu an, das Zurückliegende, das Geleistete zu bewerten und zu versuchen, einen Blick in die Zukunft zu werfen.

## Die zweite Etappe der »Perestroika« hat begonnen

Auch ein wichtiger Umstand verleiht diesem Gespräch besonderes Gewicht. Wir haben die erste Etappe der Umgestaltung im großen und ganzen vollendet. Nun beginnt die zweite Etappe. Deshalb stehen wir an einem Markstein. Selbstverständlich ist diese Einteilung in Etappen relativ: Im Leben ist alles wechselseitig miteinander verknüpft, und vieles von dem, was schon begonnen hat, dauert fort und wird auch weiterhin fortdauern.

Wir unterscheiden diese zwei Etappen, um deutlicher jene Aufgaben herauszusondern, die vor uns stehen. In der ersten Etappe mußten wir gründliche Arbeit leisten, um uns über die Situation, wie sie sich gegen Mitte der 80er Jahre herausgebildet hatte, theoretisch Klarheit zu verschaffen.

Wir mußten den realen Zustand der Gesellschaft, in der wir leben, analysieren und die Pläne für die Zukunft formulieren. Und zwar nicht auf der Grundlage oberflächlicher und vereinfachter Vorstellungen, sondern im Bewußtsein der Verantwortung sowohl gegenüber dem eigenen Land als auch – angesichts der Bedeutung und der Rolle unseres Landes – gegenüber dem Sozialismus und der Welt.

Wir haben eine Konzeption der Umgestaltung ausgearbeitet und besonders wichtige, weitreichende Beschlüsse gefaßt. Ohne diese Beschlüsse hätten wir nicht mit Blick auf die Perspektive handeln, uns aber gleichzeitig auch mit den laufenden Fragen beschäftigen können.

In dieser Etappe der Umgestaltung wurden viele Kräfte unserer Gesellschaft aufgeboten. Vor allem das Potential der Partei selbst, die Wissenschaftler, die Künstler, die Massenmedien. Das Land lebte, das Volk war tätig. Es arbeitete und löste anstehende Aufgaben, ohne zu warten, bis die theoretischen und politischen Studien abgeschlossen sind.

## Die komplizierteste Etappe

Die erste Etappe unterscheidet sich von der darauffolgenden dadurch, daß wir geklärt haben, was zu tun ist und wie es zu tun ist. Das ist eine schwierige Aufgabe, sie bleibt auch heute aktuell. Aber nun sind wir in die komplizierteste Etappe eingetreten. Jetzt muß die Konzeption der Umgestaltung mit dem Leben, mit der praktischen Tätigkeit von Millionen Sowjetbürgern in intensivste Berührung kommen. Das, was von der politischen Führung, vom fortschrittlichen Teil unseres Volkes erkannt wurde, muß jetzt von unserem ganzen Volk, von allen seinen Schichten erkannt werden, denn sonst, ohne ein klares Verständnis der Politik der Partei, wird es keine

Überzeugung von ihrer Notwendigkeit geben. Gerade diese Überzeugung prägt aber den Geist der Menschen und ihre realen Taten.

Das ist eine wahrhaft grandiose Aufgabe. Der Mensch steht dabei im Mittelpunkt: Sowohl in der Hinsicht, daß alles für das Wohl des Menschen getan wird, als auch in dem Sinne, daß es die Menschen selbst sind, die all das, was wir uns gemeinsam vorgenommen haben, vollbringen müssen.

Jetzt hat sich vieles zugespitzt, die Diskussionen weiten sich aus. Die Umgestaltung geht nicht ohne Kampf voran. Das ist nur natürlich. Wenn die Umgestaltung tatsächlich eine Fortsetzung der Revolution ist, wenn wir jetzt eine tatsächlich revolutionäre Politik betreiben, dann ist ein Kampf unvermeidlich.

So war es in den Jahren aller Revolutionen, so wird es auch jetzt sein. Und wir fühlen das auch. Anders ist es um die Formen dieses Kampfes und seine Teilnehmer bestellt. In unserem Land sind das keine einander antagonistisch gegenüberstehenden, rivalisierenden Seiten mit entgegengesetzten Klasseninteressen. Eher kann man da von Gruppen-, von vorübergehenden Interessen, ja manchmal sogar von Ambitionen sprechen, falls man Ambitionen überhaupt zu den Interessen zählen kann.

Wir alle sind Teilnehmer an der riesigen, schöpferischen Arbeit zur Umgestaltung unseres Landes. Deshalb wird der Kampf bei uns die Form von Diskussionen, von ideologischen Auseinandersetzungen haben, die dem Ziel dienen, sich in der Situation zurechtzufinden und sich über unsere Aufgaben Klarheit zu verschaffen. Genau das, Genossen, muß der Gegenstand unseres Gesprächs sein.

## Jetzt geht es um die praktische Realisierung

Wir vollenden eine Etappe und treten in eine andere ein. Die Aufgaben und insbesondere die Ausmaße der Arbeit ändern sich qualitativ. Das Schwergewicht wird bereits in die Sphäre der praktischen Realisierung, in die Sphäre der Umsetzung unserer Politik ins Leben verlagert. Das ist schon eine qualitativ neue Situation. Wir alle bekamen sie zu spüren. Alle, die an diesem Treffen teilnehmen, sind mit dem Leben unserer Gesellschaft ganz unmittelbar verbunden, sie erhalten jeden Tag umfangreiche Informationen, sie begreifen, sehen und fühlen jene Prozesse, die bei uns im Gange sind, und auch deren Perspektiven.

In diesem Sinne möchte ich nochmals unterstreichen, daß uns das Jahr 1987 viel gegeben hat. Selbst wenn wir es nach strengsten Maßstäben einschätzen, müssen wir bestätigen, daß es ein Jahr großer Arbeit war. In der Tat: Hätte es die ganze theoretische, politische und praktische Arbeit, die wir im vorigen Jahr anläßlich des 70. Jahrestages der Oktoberrevolution geleistet haben, nicht gegeben, dann stünden wir jetzt im Verständnis sowohl unserer Vergangenheit als auch der gegenwärtigen Etappe und unserer Perspektiven zwei bis drei Stufen tiefer. Wir haben die Analyse der Gesellschaft vertieft. Wir kennen jetzt unsere Geschichte besser. Das ist ausgesprochen wichtig.

## Wir kennen jetzt unsere Geschichte besser

Man kann jenen nicht zustimmen, die vorschlagen, die Geschichte zu vergessen oder lediglich irgendeinen Teil davon auszunutzen. Heute begreifen wir alle gut, daß dieser

Standpunkt unannehmbar ist. Wir müssen die Geschichte unseres Heimatlandes gründlich kennen, ganz besonders die nach dem Oktober. Die Kenntnis dieser Geschichte, die Kenntnis der Ursachen dieser oder jener Erscheinungen, der Ursachen, die den gigantischen Errungenschaften unseres Staates zugrunde liegen, die Kenntnis der Ursachen auch der großen Fehlgriffe, der tragischen Ereignisse unserer Geschichte gestattet es uns, daraus Lehren zu ziehen für unser Heute, da wir unsere Gesellschaft erneuern, das Potential des Sozialismus, seine Werte besser erschließen wollen. Wir kennen unsere Geschichte, die Wurzeln vieler Erscheinungen, die uns alle in letzter Zeit beunruhigten und die eine unmittelbare Ursache für Entscheidungen über die Notwendigkeit der Umgestaltung darstellten, jetzt tatsächlich besser.

Zugleich ist jenes Verständnis unserer Geschichte, das wir bei der Vorbereitung auf den 70. Jahrestag der Oktoberrevolution erreichten, keineswegs etwas Starres, ein für allemal Gegebenes. Es wird durch weitere Studien vertieft und weiterentwickelt werden.

Kennzeichnend für unsere heutige Arbeit ist, daß wir die Kenntnis, das Verständnis der Geschichte vertiefen, Lehren aus der Vergangenheit ziehen und selbstverständlich die Perspektiven der Vorwärtsbewegung ausarbeiten. Das, was in dieser Hinsicht geleistet wurde, hat die ganze politische, ideologische und geistige Lebenssphäre der Gesellschaft bereichert. Dies zum einen.

## Hätten wir heute die Beschlüsse des Januar-Plenums 1987 nicht ...

Nun zum anderen. Wie ich schon sagte, wurden 1987 weitreichende Beschlüsse gefaßt. Ich würde so sagen: Hätten wir jetzt die Beschlüsse des Januar- und des Juni-Plenums des ZK der KPdSU, hätten wir das Gesetz über den staatlichen Betrieb nicht, dann wären wir selbst anders. Auch unsere Auffassung von der Situation und unsere Vorstellung davon, was man jetzt tun und auf welchen Wegen man sich weiterbewegen soll, wären anders.

Der beachtliche Fortschritt in der Ausarbeitung der Theorie und der Politik der Umgestaltung verleiht unserer Arbeit einen bewußten, zielgerichteten Charakter. Wir können jetzt konsequent handeln, ausgehend von den gefaßten Beschlüssen, auf der Basis einer wissenschaftlichen Analyse und einer breiten Diskussion über diese Probleme in der Partei und in der gesamten Gesellschaft. Ebendies befähigt uns, den Übergang zur nächsten Etappe der Umgestaltung zu vollziehen.

## Das Maß unserer Verantwortung für die weltpolitische Situation

Das zurückliegende Jahr zeigte auch, daß die Vorgänge in der Sowjetunion nicht nur für unser Land, für unser Volk, sondern auch für das Schicksal des Sozialismus, für die Situation in der Welt insgesamt von großer Bedeutung sind. Im vergangenen Jahr haben wir das besonders deutlich gesehen.

Das bestimmt auch das Maß unserer Verantwortung. Das,

was wir im Inland tun, hat uns, im Verein mit den Initiativen in der Außenpolitik, erstmals gezeigt, daß man reale Aufgaben zur Verbesserung der Situation in der Welt stellen kann.

Erinnern wir uns: Vor noch gar nicht so langer Zeit – am 15. Januar 1986 – verkündeten wir die Konzeption einer kernwaffenfreien, sicheren Welt. Die erste Reaktion im Westen, insbesondere unter den Politikern und den Politologen war: das sei eine Utopie. Obwohl wir das von Anfang an bedacht und dieses Dokument so vorbereitet hatten, daß es nicht als eine neue attraktive Lösung – vielleicht stärker pazifistisch getönt, aber weit entfernt von einer realistischen Politik – wirken würde. Nein, dort sind sowohl die Zielsetzungen als auch konkrete Herangehensweisen an die Lösung der Aufgaben und die Balance der Interessen konkret abgesteckt. Wir waren sicher, daß dieses Dokument nicht ohne Wirkung bleibt. Trotzdem aber meinten viele anfangs, darin sei lediglich ein fernes Ziel verzeichnet, das keine aktuelle Bedeutung habe.

## Ein Umschwung bleibt vorerst aus, aber das INF-Abkommen ist der Anfang

Heute sehen wir, wie sich die Ideen, die wir formuliert haben und die wir als neues politisches Denken bezeichnen, Bahn brechen – mit Mühe zwar, mit Kampf, den herkömmlichen Stereotypen, den alten Haltungen zum Trotz –, aber sie brechen sich doch Bahn. Sie alle unterhalten breite Kontakte zu verschiedenen Vertretern der Weltöffentlichkeit und werden, glaube ich, bestätigen, daß diese meine Feststellung nicht übertrieben ist. Die Situation, die Stimmung in der Welt wandelt sich zum Besseren. Dieses Jahr zeigte beredt, daß sich in der Welt viele Ermüdungserscheinungen, viele Probleme angestaut haben, die das menschliche Leben erschweren. Das Wettrüsten, die militärische Konfrontation beanspruchen gewaltige Ressourcen, menschlichen Geist und menschliche Kräfte, die für die Lösung lebenswichtiger, gesamtmenschlicher Aufgaben eingesetzt werden könnten.

Deshalb fielen unsere Konzeption und nach ihr auch unsere konkreten Initiativen auf einen im großen und ganzen vorbereiteten Boden. Inzwischen zeigen sich schon die ersten Keime. Das konkrete Resultat können wir, glaube ich, folgendermaßen charakterisieren: Es hat ein realer Prozeß der Verbesserung, der Gesundung der internationalen Situation begonnen. Ein Umschwung bleibt vorerst aus, doch der Anfang dafür wurde mit der Unterzeichnung des Vertrags über die Liquidierung der Raketen mittlerer und kürzerer Reichweite gemacht. Insgesamt gesehen bewerten wir das zurückliegende Jahr also in politischer Hinsicht als ein Jahr weitreichender, großer Ereignisse und Wandlungen in der weltpolitischen Entwicklung.

## Das Volk meldet sich mit immer größerem Nachdruck zu Worte

Als das Wichtigste aus der Sicht der politischen Bewertung des Verlaufs der Umgestaltung muß man unterstreichen, daß in ihren Schwerpunktbereichen das Volk immer gewichtiger in Aktion tritt. Es meldet sich mit immer größerem Nachdruck zu Worte, indem es sich die Prozesse der Demokratisierung, der Offenheit in der Arbeit der Partei- und Staatsorgane wie auch der gesellschaftlichen Organisationen zunutze macht. Schauen Sie sich an, mit welcher Gründlichkeit die Arbeiterklasse jetzt Fragen im Zusammenhang mit dem Leben der Gesellschaft, mit der Umgestaltung stellt, wie real sie ihre Forderungen geltend macht, die sich aus der neuen Situation ergeben.

Am 31. Dezember haben wir im Politbüro einige Stunden lang über die markantesten Erscheinungen des vergangenen Jahres diskutiert. Eine unserer Schlußfolgerungen besteht darin, daß im zurückliegenden Jahr höchstens irgendwelche einzelnen Personen bzw. kleine Gruppen umgestaltungsfeindliche Positionen vertreten haben. Insgesamt aber zeigen die Arbeiter, die Kolchosbauern und die Angehörigen der Intelligenz bei noch so heftigen Diskussionen, bei noch so starken Auseinandersetzungen, bei der Erörterung der verschiedensten Fragen des Lebens in den Arbeitskollektiven, daß sie sich ihrer großen Verantwortung für die Sache der Umgestaltung, für ihr Land, für den Sozialismus bewußt sind.

## Kritik von links ...

Das, Genossen, ist eine sehr wichtige Erscheinung. Es ist gut, daß wir aufgehört haben, bei der geringsten Gedankenregung des Volkes, bei seinen Versuchen, das Potential der sozialistischen Demokratie, das in unserer Gesellschaftsordnung begründet ist, zu realisieren, Angst zu bekommen und in Verwirrung zu geraten. Die Partei gewinnt an Erfahrung, die Kader gewinnen an Erfahrung. Das geht nicht leicht, nicht ohne Schmerzen vor sich: Oft noch machen wir einander angst. Wir werden oft kritisiert: von den einen von rechts, von den anderen von links. Letztere sagen, die

Umgestaltung sei stehengeblieben, sie rufen zu entschlosseneren Maßnahmen, zu einem durchgreifenden Wechsel der Kader und dergleichen mehr auf. Das zeigte sich unter anderem auch auf dem Oktober-Plenum des ZK.

Was hatte die Diskussion gezeigt? Sie hatte gezeigt, daß sich die »ultralinken« Umgestaltungs-Phrasen jetzt, da wir mit ernsthafter Arbeit, mit der Umsetzung der Politik der Umgestaltung beginnen, als hilflos erweisen. Die Vertreter der »revolutionären« Phrase besitzen weder die Ausdauer noch die Bereitschaft, sich die Verantwortung und die schwere Last der beharrlichen und langwierigen Arbeit aufzuladen, um unsere Gesellschaft zu neuen Zielen zu führen.

Wir wollen kein Hehl daraus machen, daß die parteiliche Zurückweisung dieser Phrasen von einem bestimmten Teil der Intelligenz, ganz besonders von der Jugend, als ein Schlag gegen die Umgestaltung aufgenommen wurde. Das aber ist ein tiefer Irrtum, und das Volk hat das richtig begriffen, es hat sich von dem demagogischen Gerede nicht irreführen lassen.

## ... und Kritik von rechts

Nun zur Kritik der Umgestaltung von rechts. Von dieser Seite werden Stimmen laut, es sei nahezu eine »Unterwanderung der Grundlagen« des Sozialismus im Gange. Man darf mit Recht fragen: Wodurch werden sie unterwandert? Dadurch, daß sich das Volk aufrichtet, daß es den Kopf hebt, um in dem Land, in dem es der Herr ist, souveräner zu Werke zu gehen? In Wahrheit wird der Sozialismus keinesfalls geschwächt, er gewinnt vielmehr an Kraft, und sein Potential kommt durch die politische und soziale Aktivität der Massen stärker zum Tragen.

Der Schlag ist gegen die bürokratisch-administrativen Methoden gerichtet und gegen ihre konkreten Träger wie deren Interessen; gegen jene, die außerstande sind, die Zeit zu begreifen, zu erkennen, daß wir einzig und allein durch eine Demokratisierung unseres Lebens vorankommen können. So haben wir uns das aber auch gedacht, als wir uns zur Umgestaltung entschlossen. Deswegen müssen wir unbeirrt den Weg gehen, den wir gewählt haben. In diesem Sinne war das Jahr 1987 eine große Schule der sozialistischen Demokratie.

Lehren zu ziehen fällt natürlich schwer, aber sie werden, muß ich Ihnen sagen, auch gründlich beherzigt. Wir sind nicht mehr diejenigen, die wir im April 1985, und auch nicht einmal mehr diejenigen, die wir vor Anbruch des Jahres 1987 waren. Wir haben viel hinzugewonnen. Man wird sagen: aber auch einiges eingebüßt. An Grundsätzlichem haben wir noch nichts eingebüßt und werden, so glaube ich, auch nichts einbüßen, wenn wir uns an die prinzipientreue Linie halten.

## Den Beharrungsmechanismus zu zerstören, bleibt die ausschlaggebende Aufgabe

Welche Aufgaben sind heute die schwierigsten, wo liegen die Klippen der Umgestaltung? Ich würde das so formulieren: Es wäre unrealistisch anzunehmen, wir hätten den Mechanismus der Beharrung bereits zerstört und wären schon voll auf die Bahnen einer breiten sozialistischen Demokratie, auf die Bahnen des neuen Wirtschaftsmechanismus übergegangen. Wir beginnen erst mit der Umgestaltung, unsere Gesellschaft ist erst dabei, sich aus der Stagnation zu lösen. Den Beharrungsmechanismus zu zerstören, der den Umgestaltungsprozeß behindert, ist auch heute die ausschlaggebende Aufgabe.

Es ist eine große Errungenschaft der ersten Etappe der Umgestaltung, daß in der Gesellschaft eine neue geistig-moralische Atmosphäre geschaffen wurde. Sie ist gekennzeichnet durch breite Offenheit, durch Kritik und Selbstkritik, durch den an Tiefe gewinnenden Demokratisierungsprozeß und die wachsende Verantwortung der Werktätigen für die Situation im Lande. Das alles bedarf einer weiteren Festigung und Entwicklung. Das politische Hauptergebnis ist die zunehmende Unterstützung des Umgestaltungskurses der Partei durch das Volk. Ein Prozeß der Konsolidierung der Gesellschaft um die Ideen der Umgestaltung ist im Gange. Und zwar nicht bloß auf der Ebene der Kundgebungen und Losungen, sondern in der Praxis.

Kurzum, wir haben uns auf dem Januar-Plenum des Zentralkomitees mit dem Kurs auf die Entwicklung der sozialistischen Demokratie für den richtigen Kurs entschieden. Über die Demokratisierung, über die Einbeziehung des Volkes in alle gesellschaftlichen Prozesse, kann man die Umgestaltung verwirklichen und ihr unumkehrbaren Charakter verleihen. Ich würde hier nur hinzufügen, daß Demokratisierung und Offenheit nicht bloß Mittel der Umgestaltung sind. Sie bedeuten die Realisierung des eigentlichen Wesens unserer sozialistischen Gesellschaftsordnung, einer Gesellschaftsordnung der Werktätigen und für die Werktätigen. Das ist keine vorübergehende Kampagne, sondern das Kernstück des Sozialismus. Das ist das, was ihn von der bürgerlichen Demokratie unterscheidet, die durch ihre Raffinessen lediglich den äußeren Anschein von Freiheit und Offenheit erweckt und das Volk von realer Macht abdrängt und ihm, um mit Lenin zu sprechen, nur eine Möglichkeit beläßt – nämlich, in Wahlkampfzeiten zu entscheiden, wer es in der nächsten Legislaturperiode zum besten halten soll.

## Die Notwendigkeit der Demokratisierung und die Rolle der Partei

Wir wollen das Volk mit Hilfe der sozialistischen Demokratie in alle Prozesse der Leitung einschalten. Und wenn man uns zum bürgerlichen Liberalismus hinzieht und uns seine »Werte« zu suggerieren sucht, dann ist das eine Bewegung, die rückwärts führt.

Wir haben unsere Wahl getroffen und werden weiterhin den Weg gehen, den wir 1917 eingeschlagen haben. Wir packen entschlossen die Aufgabe an, alles, was unserer Gesellschaftsordnung, was der sozialistischen Demokratie innewohnt, wirksam werden zu lassen. Das ist doch ein Leninscher Gedanke: Das Proletariat wird auf den Sozialismus vermittels der Demokratie vorbereitet und kann die Gesellschaft nach der Revolution allein durch immer breitere Demokratie verwalten. Erinnern wir uns deshalb nochmal mit einem guten Wort an das Januar-Plenum: Es verhalf uns zu der Erkenntnis, daß eine breite Demokratisierung unserer Gesellschaft notwendig ist. Also haben wir bei seiner Vorbereitung nicht umsonst zusammen gearbeitet. Das, was seine Beschlüsse und Dokumente enthalten, ist die kollektive Erfahrung der Partei und die Verkörperung der Gedanken und Vorschläge von Wissenschaftlern und Künstlern, von Angehörigen aller Schichten der Gesellschaft.

Eine weitere wichtige Lehre des vergangenen Jahres, die man beherzigen muß, besteht in folgendem. Wir vertreten die Leninsche Konzeption einer politischen Partei. Nach Lenin ist das eine Partei neuen Typs, die in der Gesellschaft die Rolle einer politischen Avantgarde spielt. Die ganze bisherige Geschichte unseres Landes mit all ihren Gewinnen und Verlusten hat gezeigt, daß dem so ist. Das heutige Leben überzeugt uns noch stärker davon, daß ohne eine politische Vorhut, die imstande ist, die besten Kräfte des Landes ideologisch und organisatorisch um sich zu scharen, die Prozesse, die in der Gesellschaft vor sich gehen, zu analysieren und die Resultate dieser wissenschaftlichen Analyse umzusetzen, daß ohne eine solche Avantgarde, also ohne die Kommunistische Partei, keine Wandlungen möglich sind.

## Die Partei darf hinter den Vorgängen in der Gesellschaft nicht zurückbleiben

Die Partei darf jedoch hinter den Vorgängen in der Gesellschaft nicht zurückbleiben. Wir haben das im vergangenen Jahr in vielerlei Hinsicht gelernt. Dort, wo wir zurückblieben, trat vieles in Erscheinung, was dann Besorgnis in der Gesellschaft hervorrief. Wir ziehen daraus die nötigen Lehren und Schlußfolgerungen; und zwar nicht nur auf der Ebene der politischen Führung und der Regierung, sondern auch in den Republiken, den Gebieten und den Arbeitskollektiven. Das ist sehr wichtig, auch wenn wir vorerst nicht sagen können, daß alle Parteiorganisationen so verfahren.

Was ist, Genossen, über die Lehren der Umgestaltung sonst noch zu sagen? Früher haben wir uns offenbar nicht mit letzter Konsequenz klargemacht, wie stark sich in den Jahren der Stagnation in der Gesellschaft allerlei negative

Erscheinungen verbreitet hatten: Schmarotzerideologie, Gleichmacherei, gute Entlohnung bei schlampiger Arbeit, Lokalpatriotismus, Ressortgeist, gesetzwidrige Handlungen. Den Kampf für die Gesundung, für eine entschiedene Unterbindung krimineller Tätigkeiten, für die Säuberung der Gesellschaft von moralisch entarteten Elementen werden wir nach wie vor entschlossen und konsequent führen. Die Ausmaße anderer negativer Erscheinungen, die unsere Gesellschaft ergriffen haben, waren uns jedoch nicht in vollem Maße bewußt.

Nehmen Sie die Gleichmacherei, die Schmarotzerideologie. Es ist doch so weit gekommen, daß, falls es irgendwo an etwas fehlt – sei es an Baustoffen, Kohle oder etwas anderem, was für das tägliche Leben notwendig ist –, alle Bitten an das Zentrum gerichtet werden: an das ZK und die Regierung. In dem riesigen Land mit fast 300 Millionen Einwohnern und einem großen Verwaltungsapparat auf lokaler Ebene müssen Entscheidungen zu vielen, selbst ganz einfachen Fragen, hier in Moskau getroffen werden. Solche Früchte der Stagnation, der ungerechtfertigten Zentralisierung ernten wir heute!

Es gibt da noch eine zweite Seite. Bei uns ist es in gewissem Maße zu einer Deformation des Begriffs der sozialen Gerechtigkeit gekommen. Das macht sich auch in der Presse bemerkbar. Wenn man die Vorstellungen realisieren wollte, die in einigen Organen unserer Presse Unterstützung fanden, dann müßte man ein großes Bügeleisen nehmen und die ganze Gesellschaft glattbügeln. Man müßte alle über einen Kamm scheren: ein Talent und eine Niete, einen gewissenhaften Arbeiter und einen Faulenzer, einen ehrlichen Menschen und einen Dieb. Leider ist jetzt das Bestreben sehr stark verbreitet, ein Zehntel oder gar ein Hundertstel von dem zu leisten, was Menschen leisten, die durch ihre Arbeit viel zur Entwicklung unseres Landes beitragen, oder auch gar nichts zu tun und gleichzeitig ebenso wie diese auf alles Anspruch zu haben.

Unsere Satiriker haben diese Situation sehr treffend und bildhaft geschildert: »Ich will in einer guten Wohnung wohnen, ich will, daß es keine Schlangen gibt, ich will, daß man mich im Bus nicht einzwängt und mir die Knöpfe abreißt, ich will alles aus dem gesamten Sortiment meiner Wünsche haben; das einzige, was ich nicht will, ist – etwas dafür tun.«

## Soziale Gerechtigkeit nicht mit Gleichmacherei verwechseln

Wenn wir unsere Kader, unsere leitenden Organe kritisieren, ist das richtig. Man muß das fortsetzen und darf das Niveau der Kritik nicht senken. Viele Probleme haben sich aber auch in den Arbeitskollektiven angehäuft. Wir müssen erreichen, daß sich die ganze Gesellschaft unserer sozialistischen Werte tiefgründiger bewußt wird. Wenn es auch künftig möglich sein wird, Geld ohne angemessene Leistung zu bekommen, wenn Gleichmacherei, Konsumdenken und Schmarotzerideologie erhalten bleiben, dann werden wir den Umgestaltungsprozeß weder in der Sphäre der Produktion noch in anderen Sphären voranbringen können.

Wir müssen im Einklang mit dem Prinzip des Sozialismus leben und handeln: »Jeder nach seinen Fähigkeiten, jedem nach seiner Leistung.« Der Mensch ist bei uns zu einem hohen Grad sozial geschützt. Das ist das, was den Sozialismus kennzeichnet. Wir haben kostenlose Ausbildung und ärztliche Versorgung, das Recht auf Arbeit, die Garantie, Arbeit zu bekommen, und erschwingliche Wohnungen, obwohl die Versorgung mit Wohnraum noch ein akutes Problem bleibt. Der Sozialismus bietet jedem Schutz, welcher Beitrag wird aber von jedem einzelnen geleistet? Darüber sollten wir uns alle gründlich Gedanken machen. Kürzlich wurde in der Presse berichtet, daß in einigen Kolchosen Melkerinnen, die auf einen Ertrag von lediglich zweitausend Kilogramm Milch pro Kuh im Jahr kommen, 600 Rubel als Monatsvergütung bekommen. Als man dort versucht hatte, eine der Leistung angemessene Vergütung einzuführen, nahmen sie das als Schlag gegen ihre Interessen auf. Der Lohn, den sie bis jetzt erhielten, war aber doch schlechthin nicht erarbeitet. Er wurde ihnen aus staatlichen Subventionen gezahlt, das heißt, auf Kosten anderer Mitglieder der Gesellschaft. Das ist ein Beispiel.

Es gibt aber auch Beispiele anderer Art. Talentierte, gewissenhafte, arbeitsame Menschen wie beispielsweise die Mitglieder der Kollektive, die schwere Arbeit in Sibirien leisten, die mit Familien-, mit Kollektiv- bzw. mit Brigadeauftrag arbeiten, sie produzieren pro Beschäftigten acht- bis zehnmal soviel wie die meisten Agrarbetriebe des Landes. Verständlicherweise wachsen auch ihre Löhne. Sofort werden die Blicke auf sie gerichtet, alle möglichen Kommissionen nehmen sich ihrer an. Es heißt, wozu brauchen die das viele Geld? Aber weshalb wird die Frage so gestellt? Sie haben das alles doch erarbeitet. Wenn sich dabei das Endresultat ihrer Arbeit auf ein Mehrfaches vergrößert, so wachsen ihre Gehälter übrigens lediglich auf das Anderthalbfache bis Doppelte. Für die Gesellschaft ist das ein Sieg! Wenn es nur überall so wäre! Bei uns aber kriegen es einige mit der Angst zu tun: Das fördere die Privateigentümer-Mentalität.

Aber ist eine solche Fragestellung denn berechtigt? Der Mensch arbeitet auf gesellschaftlichem Boden, nach einem Vertrag mit dem Vorstand eines Kolchos oder der Leitung eines Sowchos, und benutzt jene materiellen Ressourcen, die ihm zur Verfügung gestellt wurden. Und er macht alles mit größter Verantwortung und mit Talent. Wie kann man ihn denn als einen potentiellen Privateigentümer ansehen? Und von was für einer sozialen Gerechtigkeit kann in diesem und in dem vorher angeführten Fall die Rede sein?

Wir müssen uns auch darüber Gedanken machen, weshalb sich bei uns ein Mensch, der sein Geld ehrlich verdient hat, oft weder ein Haus – das ihm zusagt – bauen noch eine Genossenschaftswohnung kaufen oder seinen Verdienst irgendwie anders verwenden kann. Auch in diesem Fall wird das Prinzip des Sozialismus verletzt. Ein Mensch, der gut arbeitet, und seine Familie sollen spüren, daß man mit ehrlich verdientem Geld auch besser leben kann.

Die Umgestaltung berührt die Interessen nicht nur in der materiellen Sphäre. Sie erfaßt auch die geistige, die kulturelle Sphäre. Wir erforschen aktiv unseren Weg in der Vergangenheit, in der Gegenwart und in der Zukunft. Dieser Prozeß verläuft gleichfalls nicht schmerzlos. Es kommt zu Diskussionen über unsere Geschichte, diese oder jene ihrer Etappen werden kritisch analysiert.

## Glasnost und Kritik – kein Anlaß, in Panik zu geraten

Das vertieft das Verständnis darüber, was unser Volk nach der Oktoberrevolution erreicht hat. Gleichzeitig bietet es die Möglichkeit, von den Positionen der Wahrheit aus schwere Perioden unserer Geschichte zu bewerten. Wir müssen lernen, in der Atmosphäre der Offenheit und einer ständigen kritischen Analyse dessen zu leben, was wir geleistet haben, was uns gelungen ist, was wir erreicht haben und welche Fehler es gegeben hat.

Offenheit und Kritik sind eine Methode der Kontrolle über alle Prozesse seitens der Massen, seitens der Gesellschaft. Das ist auch eine Methode, die Erfahrungen zusammenzufassen, die Haupttendenzen in der Gesellschaft zu erkennen und vor Fehlern zu warnen. Das ist ein normaler Zustand, und niemand soll in Panik geraten, wenn kritische Bemerkungen geäußert werden.

Wir wollen uns doch der Kritik gegenüber würdig verhalten, wir wollen doch einander achten. Und es ist schon gar nicht angebracht, einander irgendwelche Etiketten anzukleben. Jetzt aber wird manchmal die Kritik in Artikeln, in Zeitschriften von gruppenmäßigen Sympathien geprägt. Das fühlt man denn auch. Man muß indes die Sorge um unsere gemeinsamen Angelegenheiten, um die Menschen in den Mittelpunkt stellen.

Alle sagen jetzt: Wir sind um das Land, um das Volk, um seine künstlerische und kulturelle Erziehung besorgt. Unter dieser Fahne wird aber manchmal versucht, allerlei Nichtigkeiten und persönliche Ambitionen herauszustellen. Das sollte man vermeiden. Lassen Sie uns auch niemandem das Recht absprechen, seine Position darzulegen, selbst wenn er früher in irgendeiner Etappe überholte Ansichten vertreten hatte. Darf man ihn denn heute verstoßen, ihm die Möglichkeit nehmen, einen seinen Kräften angemessenen Beitrag zur gemeinsamen Sache zu leisten, wenn er das ehrlich eingesehen hat und diese Ansichten ehrlich überwindet, wenn er sich unter die aktiven Teilnehmer der Umgestaltung einreiht?

Man muß sich über persönliche Emotionen und Stimmungen erheben und die Interessen der Umgestaltung in den Vordergrund stellen. Was für Worte findet man doch mitunter, um den Opponenten »festzunageln«! Das Wort hat eine große Wirkung, doch darf man davon nicht auf Kosten der Prinzipientreue Gebrauch machen. Derjenige, der uns in die falsche Richtung zieht, derjenige, der uns weg von unserer Linie führen, der uns auf einen anderen Weg drängen, der in das »Feuer der Umgestaltung« ganz anderes Brennholz werfen will, soll wissen: Das gelingt ihm nicht. Das ZK wird unbeirrt auf den Leninschen Positionen stehen, es wird alles für die Entfaltung des Potentials der sozialistischen Demokratie tun und den Prozeß der Umgestaltung auf der Basis sozialistischer Werte vertiefen.

## Die Presse ist niemandes Privatsache

Bei uns steht niemand außerhalb der Kontrolle. Wir haben uns in der Partei soeben der Personen und der »Territorien« entledigt, die jahrelang für keine Kontrolle, für keine Kritik zugänglich waren. Sollen wir nun wieder zur alten Situation zurückkehren? Das bezieht sich auch auf die Medien. Die sowjetische Presse ist kein Privatgeschäft. Erinnern wir uns nochmals an Lenin: Literatur ist Teil der gesamten Sache der

Partei. Das ist eine prinzipielle These, und wir lassen uns auch heute davon leiten. Wir werden die Leninschen Ideen nicht aufgeben. Dienst an der Heimat, am eigenen Volk – das ist es, was unsere Literatur und unsere Intelligenz stets auszeichnete.

Die Redakteure müssen sich ihrer Verantwortung bewußt sein. Ich will niemanden persönlich nennen, wir führen ein kameradschaftliches Gespräch. Man muß sich aber auch merken: Eine Zeitschrift, ein Verlag, eine Zeitung ist nicht jemandes persönliche Angelegenheit; das ist eine Angelegenheit der ganzen Partei, des ganzen Volkes. Und wir alle stehen im Dienst des Volkes.

Unser Volk aber ist für die Umgestaltung. Lassen Sie uns also gemeinsam mit dem Volk unserer Linie zur Umgestaltung, zur Entwicklung der sozialistischen Demokratie folgen. Wollen wir gemeinsam unsere Werte verfechten und für die Gesundung der Gesellschaft eintreten.

Wenn ich davon spreche, betone ich gleichzeitig immer wieder aufs neue: Wir sind für Offenheit ohne jegliche Vorbehalte, ohne Einschränkungen. Aber für eine Offenheit im Interesse des Sozialismus.

## Gibt es Grenzen der Glasnost und der Demokratie?

Auf die Frage, ob die Offenheit, die Kritik, die Demokratie Grenzen haben, antworten wir mit Nachdruck: Wenn Offenheit, Kritik und Demokratie den Interessen des Sozialismus, den Interessen des Volkes zugute kommen, haben sie keine Grenzen!

Das ist das Kriterium. Wir haben auf diesem Weg keine

fremden Maßstäbe nötig; und zwar weder in der Sphäre der Politik noch in der geistigen oder in der wirtschaftlichen Sphäre.

Niemand wird in den Fragen der Demokratie so weit gehen wie wir, denn das ist das Wesen der sozialistischen Ordnung. Wir erweitern die sozialistische Demokratie in allen Bereichen, darunter auch in der Wirtschaft. Wo im Westen werden Betriebsleiter und Brigadiere gewählt, wo bestätigen Arbeitskollektive die Pläne? Nirgends. Das aber ist doch gerade unsere, die sozialistische Demokratie.

Wir werden den Demokratisierungsprozeß auch in der Partei voranbringen. Sie sehen wohl selbst, mit welcher Gründlichkeit wir die Rechenschaftskampagne in den Parteikomitees gestalten. Die Situation wandelt sich zum Besseren, sie verändert sich sehr gründlich, obwohl sich auch hier viel Trägheit und Passivität angestaut hat. Das, Genossen, ist aber nicht die Schuld der einfachen Parteimitglieder. Wir wissen doch, wie viele der von uns gewählten Parteiorgane handelten. Wir haben noch zu wenig dafür getan, daß die gewählten Organe eine solche Rolle spielen, wie wir sie uns vorstellen, wie wir sie im Statut der KPdSU formuliert haben. Das steht uns alles noch bevor. Wenn diese Prozesse aber in der Partei ausbleiben, dann werden sie auch in der Gesellschaft nicht vorankommen.

Wir werden nach neuen Methoden suchen, um das Potential der Sowjets besser auszunutzen. Es ist doch offensichtlich, daß in vielen Fällen die Parteiorgane ihre Funktionen eingenommen haben. Und wie sieht das Resultat aus? Auch die Partei selbst hat deswegen einen Rückstand zugelassen und viele Fragen übersehen, weil sie durch Funktionen überlastet ist, die ihr nicht eigen sind.

Nun kann die Partei unter den neuen Bedingungen der

Wirtschaftsreform und der Demokratisierung die Funktion der politischen Avantgarde auf echte Art und Weise wahrnehmen. Fragen der Theorie, der Ideologie, der Kader- und der Nationalitätenpolitik sowie der internationalen Beziehungen bilden ein riesiges Feld für die Tätigkeit der Partei.

Wir bereiten uns auf die XIX. Unionskonferenz der Partei sehr gründlich vor. Wir erarbeiten für ihre Durchführung eine Konzeption. Schon jetzt sehen wir, daß die Fragen der Demokratisierung in der sowjetischen Gesellschaft den Ausschlag geben, im Mittelpunkt stehen werden. Wir erfassen alles einschließlich des Wahlsystems, der Justiz- und der Rechtsreform, der Vervollkommnung der Kontrollorgane im Land usw.

Auch die Massenmedien müssen ihr Wort dazu sagen. Wie geht die Umgestaltung vor sich, was lehrt sie, welche Schlußfolgerungen, welche Korrekturen sind für die Politik der Partei erforderlich? Ich bin sicher, daß nicht wenige ernste Vorschläge kommen werden.

## Zur Wirtschaftsreform

Nun zu Fragen der Wirtschaftsreform, des Übergangs zur wirtschaftlichen Rechnungsführung. Worauf möchte ich hier Ihre Aufmerksamkeit lenken? Vor allem darauf, wie kompliziert und wie wichtig die begonnenen Prozesse sind. Wir tun die ersten Schritte zur Verwirklichung einer radikalen Reform unter den Bedingungen jenes Fünfjahrplans, den wir schon vor der Reform ausgearbeitet hatten. Und wir versuchen, so zu verfahren, daß der Fünfjahrplan nicht zu Schaden kommt. Die verschiedenen Betriebe befinden sich im Moment in einer jeweils unterschiedlichen wirtschaftlichen und sozialen Situation. Das Bild ist sehr bunt. Die Startbedingungen unterscheiden sich voneinander. Die einen haben die Rekonstruktion vollendet, sie besitzen neue Fonds, sie sind bereit und imstande, erfolgreich zu arbeiten. Bei den anderen beginnt erst eine weitreichende Rekonstruktion, die Kraft und Zeit erfordert. Und alles muß bei gleichzeitigem Übergang der Betriebe zur wirtschaftlichen Rechnungsführung und Eigenfinanzierung gemacht werden. Es leuchtet ein, wie kompliziert das alles ist.

In der Presse wird die Tätigkeit der Betriebskollektive unter den Bedingungen der anlaufenden Reform auf eine viel zu leichte Art dargestellt. Man muß beachten, wir haben bewußt akzeptiert, daß in einer bestimmten Periode die alten Formen und die neuen Methoden der wirtschaftlichen Rechnungsführung gleichzeitig gültig sein werden.

So sieht die Übergangsetappe mit all der Vielfalt der damit verbundenen Aspekte aus. Sie muß überstanden werden, und man muß die nötigen Lehren daraus ziehen. Wir wissen bereits, wie sehr sich die Menschen selbst im Vorfeld des Übergangs zur wirtschaftlichen Rechnungsführung verändern. Obwohl es auch nicht wenige gibt, die leichtfertig gehandelt haben. Nun treten jedoch Schwierigkeiten auf, wie es bei der Einführung der staatlichen Erzeugnisabnahme der Fall war. Nichtsdestoweniger ist der Prozeß in Gang gekommen, die Menschen lernen auf neue Art arbeiten und schalten sich in die Leitung ein. Die Reform erfaßt bereits Betriebe, die fast 60 Prozent der Produktion bestreiten; das sind Dutzende Millionen Beschäftigte.

Wir wollen, daß sich die Reform aufwärts entwickelt, daß wir daraus Erfahrungen schöpfen und lernen können. Und daß wir das nächste Planjahrfünft entsprechend vorbereitet und mit dem notwendigen Rüstzeug gewappnet erreichen.

Deshalb kann man die Aufgabe so formulieren: Man muß suchen und alles, was sich mit der Reform nicht vereinbaren läßt, einer gründlichen Kritik unterziehen. Und zwar in der Wissenschaft wie im Leben. Die Menschen unterstützen uns, sie begreifen, daß man eben so handeln, daß man sich neue Methoden aneignen muß.

## Sorgen und Vorsorge

Was befürchten wir, was müssen wir besonders aufmerksam verfolgen? Um den Übergang zur wirtschaftlichen Rechnungsführung und Eigenfinanzierung zu erleichtern, haben wir bestimmte Reserven angelegt. Wenn ein Betrieb nun in der Anfangsperiode in eine schwierige Situation gerät, wenn er Zeit benötigt, um die Arbeit auf neue Art zu organisieren, wird man ihn nicht scheitern lassen. Man wird ihm einen Kredit geben und helfen, seine Schulden zu begleichen. Wir werden selbstverständlich darauf achten, daß das Geld nicht umsonst verausgabt wird. Die Dokumente zur Reform wurden von allen Zweiggewerkschaften durchgearbeitet und unterstützt. Die Diskussion dazu fand übrigens in Hunderten von Arbeitskollektiven statt. Somit verdienen die Dokumente der Reform, ihre Prinzipien volles Vertrauen und Achtung. Es ist nicht zulässig, wenn in dieser oder jener Veröffentlichung kein Schmerz wegen der dort geschilderten Vorgänge zu spüren ist. Mitunter wird mit dem Schicksal eines Betriebs oder eines Menschen viel zu leicht, ja leichtfertig umgegangen. So geht es nicht!

Wir wollen klarstellen: Allein, um die ökonomische Politik der Umgestaltung zu formulieren, wurden zwei Jahre gebraucht. Um nun das, was wir uns vorgenommen haben, in die Praxis umzusetzen, wird es einer riesigen – geduldigen, tagtäglichen, keineswegs umstrittenen – organisatorischen Arbeit bedürfen. Ganz gewiß wird es auch Rückschläge geben.

Heute muß die Offenheit helfen, demokratische Haltungen und ökonomische Leitungsmethoden durchzusetzen. Ganz besonders kommt es darauf an, alles Neue ausfindig zu machen und zu unterstützen – neue Erfahrungen, neue Leistungen. Da bedarf es großer Kompetenz. Ziehen Sie mehr Wissenschaftler heran, und nicht nur solche, die eine flotte Zunge besitzen. Wichtig sind Kompetenz, Gründlichkeit, alles, was bei der Lösung von Problemen des realen Lebens hilft. Vor uns liegt eine sehr verantwortungsvolle Etappe. Buchstäblich zwei bis drei Jahre werden entscheiden, welche Richtung die Umgestaltung nimmt. Zwei bis drei Jahre! Deswegen muß man heute die Prozesse, die in der Gesellschaft vor sich gehen, besonders aufmerksam verfolgen.

## Ohne Furcht nach neuen Wegen suchen

Man kann kaum annehmen, daß es möglich ist, alles vorauszusehen. Aus der Vergangenheit müssen Lehren gezogen und die Situation zum Besseren verändert werden, damit forschende, sachkundige Menschen, die um der Umgestaltung willen einiges riskieren wollen, ohne Furcht nach neuen Wegen suchen und dem Denken wie auch der praktischen Bewegung neuen Auftrieb verleihen können.

Unsere Presse muß diese Menschen sehen und unterstützen. Sie muß auf der Seite derjenigen stehen, die die Umgestaltung voranbringen, die unsere Gesellschaft auf dem

Wege der Erneuerung voranbringen. Hier müssen die Positionen exakt und klar sein.

Wir setzen die Politik der Umgestaltung durch, damit der Mensch in unserer Gesellschaft leicht atmen kann, damit seine Würde geachtet wird, damit sich auch die Lebensbedingungen verbessern, damit das ganze Land den Weg der Erneuerung gehen kann.

Die Partei ist sehr daran interessiert, daß Sie alle, Genossen, zuversichtlich sind, daß Sie mit vollem Einsatz arbeiten können. Die Gesellschaft hat ein sehr großes Interesse daran. Ihre Position, Ihre Auffassungen, die sich in den Massenmedien durch die Kontakte mit dem Volk Geltung verschaffen, sind eine solide Stütze für unsere Politik. Deshalb sind wir in noch größerem Maße als in der ersten Etappe an Ihrer kreativen Tätigkeit interessiert. Das aber schließt auch Offenheit und scharfe Kritik ein. Und ganz besonders kommt es für unsere Presse darauf an, jene Menschen aktiv in Schutz zu nehmen, die für die Umgestaltung kämpfen.

Dieser Tage haben die Mitglieder der Partei- und Staatsführung eine Maschinenbau-Ausstellung besichtigt. Man zeigte uns auch Werkzeugmaschinen aus dem Werk, dessen Leiter Genosse A. I. Tschabanow ist, jener, den seinerzeit das Zentralkomitee und unsere Presse in Schutz genommen hatten. Zu diesem Fall mußte auch ich Stellung nehmen, die Genossen erinnern sich daran. Wir ließen ihn nicht fallen. Und jetzt werden seine Maschinen von allen gelobt, man steht danach Schlange. Was war aber geschehen? Er handelte auf unkonventionelle Art, er warf alte Pläne und alte Instruktionen über Bord. Es fanden sich Neider, sie organisierten um ihn ein solches Spektakel und entdeckten bei ihm so viele Sünden – er habe sowohl dort als auch hier etwas falsch gemacht. Und sie hätten ihn wohl auch zugrunde gerichtet, wären wir ihm nicht zu Hilfe gekommen. Man muß, Genossen, für jeden Menschen bis zu Ende kämpfen, der ein aktiver Verfechter der Umgestaltung ist und der oft für seine Initiative, für seine unkonventionelle Handlungsweise angegriffen wird; für jeden Menschen und erst recht für ganze Arbeitskollektive.

Vor kurzem schrieb die »Iswestija« über einen Kolchos, in dem ein Drittel der Mitglieder nicht schaffte, eine Versammlung einzuberufen, die lebenswichtige Probleme seiner Entwicklung erörtern würde. Dort hatte sich auch die Rayonleitung der Partei und auch das Exekutivkomitee des Rayonsowjets eingeschaltet, alle hatten sich eingeschaltet, die zuständig und die nicht zuständig sind, um die Initiative der Menschen zu zerstören und sie daran zu hindern, von ihren Rechten Gebrauch zu machen. Es war richtig, daß sich die Zeitung für die Kolchosmitglieder eingesetzt hatte. Die Versammlung wurde durchgeführt, die Vorschläge der Menschen fanden Unterstützung. Sie waren im Recht.

Dabei ist folgendes von Interesse. In diesem Kolchos kritisierten die Initiatoren des Konflikts die Leitung heftig, sie warfen scharfe Fragen auf, aber keiner verließ die Produktion, sie arbeiteten gut. Viele von ihnen zählen zu den angesehensten Mitgliedern ihres Kolchos. Man mußte sie doch unterstützen, ihren Geist stärken. Wir müssen die demokratische Atmosphäre kultivieren, wir dürfen da nicht stehenbleiben. Aber auch das Verantwortungsbewußtsein darf nicht nachlassen!

## Hätten wir die begonnenen Vorgänge gestoppt ...

Ich überlege mir manchmal, was für komplizierte Prozesse sich doch auf den Weiten unseres Landes unter Mitwirkung von fast 300 Millionen Menschen vollziehen. Es ist eine große Zeit! Hätten wir die begonnenen Vorgänge gestoppt, hätten wir davor Angst bekommen, dann würde das sehr ernste Folgen haben, denn ein zweites Mal würden wir unser Volk für ein Unternehmen dieses Ausmaßes einfach nicht mehr mobilisieren können. Aber auch jetzt beobachten einige Leute die Vorgänge nur. Sie unterstützen die Umgestaltung zwar von Herzen, doch sie haben sich in diese mit ihrem Handeln, mit ihren Taten, politisch noch nicht eingeschaltet.

Wir fühlen jetzt eine Zeit kommen, die für alle eine große Belastung mit sich bringt. Man muß diese Belastung auf sich nehmen, Genossen. Die Partei wird es tun, und Sie müssen es auch tun. Ich bin sicher, daß dies auch der Fall sein wird. Als Leitfaden müssen dabei für jeden nicht irgendwelche nichtigen Leidenschaften, sondern das Schicksal des Volkes dienen. Das nimmt dem Kampf keineswegs seine Schärfe, engt die Offenheit und Demokratie nicht ein. Diesen Weg muß man eben gehen, man muß den Prozeß der Erneuerung, der Demokratisierung, der immer größeren Entfaltung des humanistischen Wesens des Sozialismus vertiefen und zu einem unumkehrbaren, ständigen Zustand unserer Gesellschaft werden lassen.

*

Im Anschluß an diese Ausführungen Michail Gorbatschows fand eine Diskussion zwischen den Teilnehmern des Treffens statt.

# Diskussion zwischen den Teilnehmern des Treffens

## Michail Alexejew, Chefredakteur der Zeitschrift »Moskwa«

Als erster ergriff *Michail Alexejew*, Chefredakteur der Zeitschrift »Moskwa«, das Wort. Als eines der größten Ereignisse des vergangenen Jahres charakterisierte er die Unterzeichnung des sowjetisch-amerikanischen Vertrags über die Beseitigung der Raketen mittlerer und kürzerer Reichweite. Dies war ein historischer Schritt, der eine große psychologische Bedeutung hat. Die Menschheit war bereits an den Rand des nuklearen Abgrunds herangetreten. Dann ist sie gleichsam erschaudert und wieder zum gesunden Menschenverstand hin zurückgewichen. Mit der Unvermeidlichkeit eines Atomkrieges kann man sich unmöglich abfinden.

*Michail Alexejew* sagte, daß sich im Kampf für das Überleben auf der Erde nunmehr eine weitere Front gebildet hat – die ökologische. Besorgt sprach der Schriftsteller davon, daß die Flächen des Ackerlandes, darunter auch in unserem Lande, immer mehr schrumpfen wie Chagrinleder.

Dann berichtete er über seine Eindrücke von einer Reise ins Gebiet Saratow und fragte besorgt, ob arme Agrarbetriebe infolge des Übergangs zur wirtschaftlichen Rechnungsführung nicht noch ärmer werden, denn in den Klassen sei so gut wie kein Geld, um die Arbeit zu bezahlen. Der Kolchosbauer oder Sowchosarbeiter bekam jedoch die

Armut seines Agrarbetriebs früher selbst nicht zu spüren, er ist daran gewöhnt, in einer beliebigen Situation einen garantierten Lohn zu erhalten.

Es ging weiterhin um die Rolle der Presse bei der Darstellung der Geschichte unseres Landes. *Michail Alexejew* stellte fest, daß wir aus irgendeinem Grunde die Geschichte Englands, Frankreichs und Deutschlands besser kennen als unsere eigene. Wenn man das Volk seiner historischen Wurzeln beraubt, kann man keine ihrer Heimat bewußten Patrioten erziehen. Die Zeitschrift »Moskwa« beabsichtigt, die »Geschichte des Russischen Staates« von Nikolai Karamsin in vollem Umfang zu veröffentlichen.

Wie sieht es sonst aus? Die Geschichte der sowjetischen Periode kennen wir doch immerhin, was aber ist mit den restlichen tausend Jahren? Aus wessen Händen erhielten wir denn dieses eine Sechstel der Erde mit dem kurzen Namen »Rus«? Worauf bauen wir unser sozialistisches Vaterland auf?

*Michail Gorbatschow:* Wir vergessen übrigens manchmal, welch einen großen Sinn das alles hat. Lenin sagte: »Kommunist kann einer nur dann werden, wenn er sein Gedächtnis um alle die Schätze bereichert, die von der Menschheit gehoben worden sind.« Wenn es nun um die ganze Menschheit geht, dann muß man doch das Eigene, das Einheimische erst recht kennen.

*Michail Alexejew:* In der Tat, man darf der Geschichte nicht ihr Recht absprechen, an den Vorhaben unserer Gegenwart, an der Erziehung unseres Volkes teilzunehmen.

## Vitali Korotitsch, Chefredakteur der Zeitschrift »Ogonjok«

Dann meldete sich der Chefredakteur der Zeitschrift »Ogonjok«, *Vitali Korotitsch,* zu Wort. Er unterstrich ganz besonders die Notwendigkeit einer Konsolidierung der Mitarbeiter der Massenmedien im Kampf für die Umgestaltung.

Die Wiederherstellung des Vertrauens in der Welt muß verbunden sein mit der Wiederherstellung guter, menschlicher Beziehungen innerhalb unseres Landes. Das ist ein ausgesprochen wichtiger Prozeß, der erst seinen Anfang nimmt. Man kann, glaube ich, noch nicht von der Existenz eines Klimas des Vertrauens sprechen, es kann wohl erst von einem Wetter des Vertrauens die Rede sein. Hier ist viel Gutes geleistet worden. Selbstverständlich gab es auch Fehler. Aber sie bezweckten nicht eine bewußte Zerstörung der Umgestaltung.

Deshalb ist, glaube ich, der Ton nicht zulässig, mit dem wir manchmal in den Gesprächen untereinander konfrontiert werden. Man darf nicht anstelle des Meinungsstreits Kopfwäschen praktizieren. Wir aber erlauben uns manchmal, ganz besonders in literarischen Diskussionen, Ausdrücke, wie sie jenen Faustkämpfern anstehen würden, die in ihre Handschuhe Blei einnähten. Mich beunruhigen beispielsweise Vorwürfe wie der eines »liberalen Terrors« usw., die heute wie Etiketten wirken. Solche Formulierungen können und dürfen Leute, die für die gleiche Sache tätig sind, nicht gebrauchen. Gegenwärtig haben Fragen unserer Konsolidierung, unserer Einheit strategische Bedeutung. Leider läßt sich noch nicht sagen, daß wir uns schon endgültig all jener Leute entledigt hätten, die uns in der Vergangenheit so viel Schaden zufügten. Man muß exakt und ohne

Erbarmen in jenen Fällen handeln, in denen klar ist, daß ein Mensch keine Mittel scheut, um seinen Opponenten zu beseitigen. Die alte Methode des Anklebens politischer Etiketten, die Versuche, für das Volk zu sprechen oder im Namen des Volkes aufzutreten, die bei uns heute ohne gebührende Berechtigung beispielsweise mal von dem einen, mal von dem anderen Literaten unternommen werden, sind schädlich und gefährlich.

Eines der größten Übel für die Umgestaltung und eines ihrer größten Probleme ist unsere Zersplitterung, die nach wie vor sehr ernst bleibt. Unsere Zeitschriften würden wohl nicht so viele feindselige Erklärungen gegeneinander veröffentlichen, hätten die Redakteure einfach irgendeine Form von regelmäßigen Begegnungen und vertraulichen Gesprächen gefunden, um bei Kontakten von Mensch zu Mensch »Dampf ablassen« zu können. Jeder von uns hat sich in seinen Winkel verzogen, dabei arbeiten wir doch an ein und demselben Vorhaben. Der Umstand, daß wir so wenig Kontakt zueinander haben, beschwört unnötige Probleme herauf. Würden wir öfter zusammentreffen, dann würden viele Ambitionen vielleicht nicht wie Bomben in den Spalten der Zeitungen und auf den Seiten der Zeitschriften explodieren.

Diese Probleme der Konsolidierung und eines Klimas des Vertrauens existieren bei uns auch als interne Probleme. Viele von ihnen sind in uns selbst verwurzelt. Vieles wird davon abhängen, wie wir uns selbst überwinden und verändern.

Und noch etwas. Der Bericht über den 70. Jahrestag der Oktoberrevolution hat sehr viele Türen und Tore geöffnet, sehr viele genaue Wegweiser aufgestellt. Wir haben die Schicksale der Menschen, die Richtung unserer Arbeit begriffen. Es wurde eine Kommission gebildet, die sich mit dem Studium der kompliziertesten Biographien, der Schicksale der Schöpfer unseres Landes befassen wird. Im Bewußtsein der ganzen Wichtigkeit und der ganzen Kompliziertheit der Tätigkeit dieser Kommission möchte ich als einer der Redakteure den Wunsch äußern, daß die Rehabilitierung dort, wo der Betreffende sie verdient, zügiger vorangetrieben wird. So viele Beiträge wir im »Ogonjok« auch über Persönlichkeiten der Vergangenheit veröffentlichen, wir bemühen uns, jene Momente nicht zu berühren, die ausschließlich in den Kompetenzbereich der Parteiorgane gehören. Ich werde diese Frage nicht vertiefen. Aber ich wollte sie angesichts ihrer Wichtigkeit unbedingt anschneiden, auch angesichts jenes Interesses, das dafür sowohl in der Post als auch bei allen öffentlichen Veranstaltungen unserer Zeitschrift bekundet wird. Wir bekommen Tausende, buchstäblich Tausende Briefe und Zuschriften zu diesen Themen. Jene Initiative, die derart edelmütig und ehrlich von der Partei demonstriert wurde, soll ebenso unbeirrt und ebenso prinzipientreu weiterentwickelt werden.

Der Chefredakteur der Zeitschrift »Nowy Mir«, *Sergej Salygin*, sprach von der Nützlichkeit der Diskussionen zu den ausschlaggebenden Richtungen des gesellschaftlichen und des kulturellen Lebens. Ein beredtes Beispiel dafür ist das Schicksal des Projekts zur Umleitung des Wassers nördlicher Flüsse. Das war eine Prüfung unseres gesellschaftlichen Bewußtseins, der Aktivität der Intelligenz, aller Schichten der Bevölkerung.

*Michail Gorbatschow:* Wir haben vor einer Woche einen Beschluß zu diesen Fragen gefaßt. Wir erteilten den Auftrag, ein Projekt vorzulegen, das darauf basiert, das ganze Wasser überhaupt als strategischen Rohstoff zu hüten und in der

Wassernutzung Ordnung zu schaffen – auf dem Lande, in der Industrie, in den Städten, überall. Das wird ein sehr wichtiger Beschluß sein, und er soll komplexen Charakter haben.

## Sergej Salygin, Chefredakteur der Zeitschrift »Nowy Mir«

*Sergej Salygin:* Das neue Programm der Wasserversorgung, das vorgeschlagen wird, enthält solche Punkte, die unsere eigene Entscheidung hinsichtlich der Umleitung der Flüsse in Abrede stellen.

*Michail Gorbatschow:* Im Projekt des Programms der Wassernutzung ist von einer Umleitung von Flüssen keine Rede.

Im weiteren ging *Sergej Salygin* auf das Problem des Baikalsees ein. Er äußerte seine Besorgnis über das Schicksal dieser einzigartigen Perle der Natur. Man muß in den endlosen Diskussionen über den Baikalsee zu Konsequenzen kommen, sie müssen doch irgendeine Wirkung haben. Ich will nicht sagen, daß wir in diesen Fragen keine Fortschritte machen: der Baikalsee, der Ladogasee, die Umleitung. Das ist doch eine einmalige Sache!

*Michail Gorbatschow:* Wir stellen das Kaspische Meer wieder her und das Asowsche Meer.

*Sergej Salygin:* Vor 25 Jahren veröffentlichte ich Beiträge zum Unterlauf des Ob. Da stand mir niemand zur Seite – höchstens zwei, drei Leute. Und heute ist es die ganze Öffentlichkeit!

*Michail Gorbatschow:* Ja, die Wasserkraftwerke waren überhaupt so konzipiert – auf der Basis von Überflutungen.

Zehn bis zwölf Millionen Hektar der besten Böden verschwanden unter Wasser! Dabei ist das doch die Grundlage für die Entwicklung der Viehwirtschaft. Jetzt aber führen wir Meliorationsarbeiten durch, um solche Böden zu erhalten und darauf Viehfutter zu produzieren.

*Sergej Salygin:* Da wir schon bei dem Thema sind: Bei uns wird jetzt ein Komitee für Umweltschutz gebildet. Man müßte an diese Sache sehr aufmerksam und mit viel Feingefühl herangehen. In das Komitee delegieren doch dieselben Ministerien ihre Schutzdienste, die dort nach wie vor aktiv sind. Der Schutzdienst der Wasserwirtschaft, der so viel Unheil angerichtet hat, wird beispielsweise in dieses Komitee übergehen. Was können wir dann von ihm erwarten?

*Michail Gorbatschow:* Als wir diese Frage erörterten, wurde sie so formuliert: Was soll das für ein Komitee sein – mit eigenen Wirtschaften oder ohne? Alle hatten sich geäußert, Ihre Meinung wurde uns auch übermittelt. Es soll nichts eigenes haben. Es soll unabhängig bleiben und nur für die Kontrolle zuständig sein. Ihm sollen neben den hauptamtlichen Mitarbeitern ein riesiger Kreis von Experten angehören. Es soll zur Teilnahme an dieser ehrenvollen Aufgabe Persönlichkeiten des öffentlichen Lebens heranziehen, also alle Menschen, die um den Schutz der Umwelt besorgt sind.

*Sergej Salygin:* Gestern besuchte Senator Bradley unsere Redaktion, er betreut in den USA das Ministerium für Wasserwirtschaft. Wir kamen miteinander ins Gespräch. Er sagte mir: Diese Ministerien sind in aller Welt gleich, denn wir haben es tatsächlich bis jetzt nicht gelernt, die Nutzung natürlicher Ressourcen zu regulieren.

*Sergej Salygin* sprach auch davon, daß der Beschluß des

ZK der KPdSU über die Tätigkeit der Berufsverbände der Kulturschaffenden nur schwach realisiert wird. Nach seiner Meinung liegt das vor allem an den Verbänden selbst.

## Grigori Baklanow, Chefredakteur der Zeitschrift »Snamja«

Der Chefredakteur der Zeitschrift »Snamja«, *Grigori Baklanow,* stellte fest, die Zeit der einschneidenden Wandlungen im Lande sei eine wahrhaftig schicksalhafte Zeit. Müdigkeit mache sich bemerkbar – nicht wegen der Arbeit, sondern wegen der ergebnislosen Arbeit, weil die Menschen jahre- und jahrzehntelang kaum Resultate ihrer Arbeit sahen. Die Schuld dafür trifft offenbar auch die Presse. Es wurden viele Worte gesprochen, aber das wichtigste Wort, das die Menschen verstehen läßt, daß es keinen anderen Weg gibt, daß es die letzte Chance ist, da wir entweder zurückrollen oder aber jenes große Land bleiben, dem die Welt folgen wird, ist erst jetzt gesagt worden.

*Michail Gorbatschow:* Stehenzubleiben wäre für uns tödlich. Das darf man unter keinen Umständen zulassen.

*Grigori Baklanow:* Auf diesen Tod warten viele. Aber da geschieht folgendes: Die Menschen sind für die Umgestaltung, viele warten jedoch erst einmal ab, was daraus wird. Wenn während des Krieges so viele abgewartet hätten, hätten wir nicht gesiegt. Alle müssen sich einen kräftigeren Ruck geben. Da tut, glaube ich, auch in der heutigen Presse eine tiefgründige, kühne Analyse der Vorgänge, des ökonomischen und des politischen Aspekts und der Perspektiven not; eine solche Analyse, daß die Menschen endlich die ganze Tragweite der historischen Verantwortung begreifen.

Vor einigen Jahren wurde befürchtet, wenn die Presse irgendeinen negativen Fakt meldet, würden die Grundfesten unserer Gesellschaftsordnung erschüttert. Heute reden alle offen über alles, aber es passiert nichts, die Grundfesten werden nicht erschüttert. Allerdings gibt es noch viel Trägheit. Man liest davon, diskutiert darüber, findet die Fragestellung vollkommen richtig – und tut nichts. Oder man packt die Sache so an, daß sie allmählich zum Erliegen kommt.

*Grigori Baklanow* verwies auf die Notwendigkeit der Erhaltung von Denkmälern der Kultur und Geschichte. Unter anderem ging er auf die Frage der Übergabe des Landguts von Lew Tolstoi in Jasnaja Poljana an die Akademie der Wissenschaften der UdSSR und auf die Notwendigkeit ein, Achtung gegenüber dem Andenken der sowjetischen Patrioten zu erziehen, die im Großen Vaterländischen Krieg fielen.

## Kirill Lawrow, Vorsitzender des Verbandes der Theaterschaffenden

Anschließend ergriff *Kirill Lawrow,* Vorstandsvorsitzender des Verbandes der Theaterschaffenden der UdSSR, das Wort. Er informierte über das erste Jahr der Tätigkeit dieser neuen Künstlerorganisation, ihre aktive Teilnahme an der Umgestaltung und über die geistige Erneuerung des sowjetischen Theaters. Vorerst ist nicht viel geleistet worden. Es ist eine Suche nach Neuem, die Überwindung der Fehler im Gange. Zum Hauptkriterium in dieser Arbeit wird der Ideengehalt und die künstlerische Qualität der Werke. Es gibt interessante Begegnungen mit Künstlern. Große

Anstrengungen werden unternommen, um den Theaterorganisationen auf lokaler Ebene Unterstützung zu erweisen. Von irgendeiner Effekthascherei und bürokratischen Ausrichtung dieser Maßnahmen kann keine Rede sein.

Ich glaube, erklärte *Kirill Lawrow*, die größte Gefahr für unser Unternehmen liegt jetzt in der Vielrederei. Nötig sind weniger Worte und mehr Taten. Das betrifft uns und auch die lokalen Kulturorgane. An der Peripherie wiederholt man oft gewohnheitsmäßig, was oben über die Umgestaltung gesagt wird, sonst aber macht keiner einen Finger krumm. Die Situation vieler Gebiets- und Stadttheater bleibt indes weiterhin schwierig, sie werden nach wie vor vernachlässigt.

Abschließend berichtete *Kirill Lawrow* über die Kontakte und die Zusammenarbeit der sowjetischen Theaterorganisationen mit ihren ausländischen Partnern.

## Iwan Laptew, Chefredakteur der »Iswestija«

*Iwan Laptew,* Chefredakteur der Zeitung »Iswestija«, verwies auf Erscheinungen des gesellschaftlichen Lebens, die besonders charakteristisch sind. Dabei ging er von einer Analyse über die Wirkung der Presse im vergangenen Jahr und den Meinungen der Leser aus. Immer mehr setze sich die zunehmende Gewißheit der Menschen durch, daß der gewählte Kurs richtig sei. Das Leben selbst habe gezeigt, daß Demokratie und Offenheit in der Tat die Hebel der Umgestaltung, deren Instrumente und Stimuli seien. Das Streben nach Veränderungen habe keineswegs nachgelassen, sondern sich vielmehr verstärkt. Zugleich mache sich jetzt eine gewisse Unlust bemerkbar, von unseren Wehwehchen zu sprechen.

1988 müsse – und das gelte vor allem für die Massenmedien – zu einem Jahr des Schutzes der Ideen und der Praxis der Umgestaltung werden. Besonders schwer werde man es mit der in Angriff genommenen riesigen Arbeit zur Umgestaltung der Wirtschaft haben. Hier komme es darauf an, nicht überstürzt, sondern ruhig, ernst und wohldurchdacht vorzugehen.

Im weiteren betonte *Iwan Laptew*, wie wichtig die Propaganda positiver Erfahrungen ist, und unterstrich, daß darunter nicht der Bericht von einem neuen Unternehmen, von neuen Maschinen, sondern das Schildern der neuen Verhältnisse zu verstehen ist, der Bericht darüber, wie sich die neuen Formen der Arbeitsorganisation durchsetzen. Es kommt jetzt vor allem auf den Erfahrungsaustausch an.

*Michail Gorbatschow:* Sie haben gut angefangen, weil Sie ohne jegliche Schönfärberei in den Zeitungen schreiben, wie das Neue in der Auseinandersetzung entsteht und wie Probleme gelöst werden.

*Iwan Laptew:* Erstrangige Bedeutung hat heute die Regelung der rechtlichen Verhältnisse in der Wirtschaft und die Einhaltung des Gesetzes über den staatlichen Betrieb.

In dieser Situation kommt es darauf an, die Aufmerksamkeit der Menschen für die Presse nicht schwinden zu lassen und den spürbaren Elan des heutigen geistigen Lebens der Gesellschaft aufrechtzuerhalten. Aber die Aufgabe, vor die wir uns jetzt gestellt sehen, ist ungeheuer kompliziert. Die Schwierigkeit besteht nicht etwa darin, über dies und jenes schlicht und einfach zu schreiben oder nicht zu schreiben, sondern darin, keine Illusionen zu fördern oder solche gar zu säen, nicht in das billige Geschrei, in die Jagd nach etwas »Sensationellem« zu verfallen. Die Leserpost zeigte, daß die Fragen der Umgestaltung der Wirtschaft, die Fragen der

Organisation der Produktion, der Entlohnung, der Preisbildung, der Demokratisierung, der Neugestaltung der Wahlen, daß gerade solche gesellschaftlichen Fragen heutzutage die interessantesten sind.

*Michail Gorbatschow:* ... wenn sie über Diskussionen, über Auseinandersetzung aufgezeigt werden. Eine Zeitung bzw. Zeitschrift ist doch ein gesellschaftliches Anliegen. Und wenn in ihr nur ein Standpunkt präsent ist, wenn es dort keinen Meinungsaustausch gibt, so fragt man sich, was dabei herausspringen soll. Soll also ein Clan dem anderen, eine Gruppe der anderen gegenüberstehen? Es gilt, sich um das Schicksal des Volkes, um des Volkes Leid und Freud' zu vereinigen.

*Iwan Latew* ging in seinen weiteren Ausführungen auf Probleme der besseren journalistischen Arbeit, auf wirkliches journalistisches Können ein. Er hob hervor, daß diese Fragen heute besondere Bedeutung, daß sie politischen Charakter haben. Vermag doch dieser oder jener Zeitungsbeitrag Millionen von Menschen buchstäblich in Bewegung zu setzen. In diesem Zusammenhang sei es erforderlich, sich ernsthaft mit der Erforschung der realen Einwirkung der Massenmedien auf Leser, Hörer bzw. Zuschauer zu befassen. Es komme darauf an, die mächtige Reserve der Offenheit wie die lokalen Massenmedien richtig in Aktion zu setzen.

*Iwan Laptew* machte auch auf die Probleme der Vervollkommnung der Gesetzgebung, der Rechtslage von Massenmedien und der Sicherstellung ihrer materiellen Grundlage aufmerksam.

## Pjotr Fedossejew, Vizepräsident der Akademie der Wissenschaften

Die vordringlichste Voraussetzung und die wichtigste Komponente der Umgestaltung, führte *Pjotr Fedossejew*, Vizepräsident der Akademie der Wissenschaften der UdSSR, aus, sei die theoretische und politische Ausarbeitung der spruchreifen Probleme der Innen- und der Außenpolitik, derer sich die Partei in den letzten Jahren angenommen hat. Von grundsätzlicher Bedeutung sind hierbei Betrachtungsweisen im Sinne des neuen Denkens. Das ist ein neuer, ein frischer Blick auf unsere Gesellschaft, auf die Welt, auf die Geschichte vom Standpunkt des Marxismus-Leninismus. Die Dokumente zum 70. Jahrestag der Oktoberrevolution sind eine beeindruckende Verkörperung des neuen Denkens. Das ist in der Tat eine neue Sicht auf alle Lebensbereiche der sowjetischen Gesellschaft, der sozialistischen Staaten, der Enwicklungsländer, auf die Welt des Kapitalismus, auf die Probleme, vor die sich die Welt gestellt sieht. Hatten sich doch bestimmte Dogmen herausgebildet, die sowohl in der Außen-, aber auch in der Innenpolitik störend wirkten, und der Umstand, daß das Aprilplenum des ZK, der XXVII. Parteitag und die im Anschluß daran angenommenen Dokumente der Partei mit diesen Dogmen aufgeräumt haben, ist von hoher internationaler wie auch innenpolitischer Bedeutung.

Es war beispielsweise das Dogma verbreitet, bei der friedlichen Koexistenz handle es sich um eine Form des Klassenkampfes und die friedliche Koexistenz fördere die Entwicklung des Klassenkampfes in den kapitalistischen Ländern. Wenn wir dann vom Frieden, von der friedlichen Koexistenz sprachen, so wurde uns nicht sonderlich geglaubt. Was sei das für ein Friede, was sei das für eine friedliche Koexistenz, wenn sie dem Klassenkampf in unseren Ländern hilft.

Daß dieser Leitsatz in den Dokumenten des XXVII. Parteitages der KPdSU, im Parteiprogramm nicht mehr vorkommt, hat uns natürlich, man könnte es so sagen, die Hände in der Außenpolitik freigemacht und alles in die richtigen Bahnen gebracht. Die friedliche Koexistenz gehört zum Bereich der zwischenstaatlichen Beziehungen und setzt Nichteinmischung in die inneren Angelegenheiten voraus. Und in der Tat, wir sind für den Frieden, für die Zusammenarbeit, für das Zusammenwirken von Staaten, und bei den Fragen des Klassenkampfes handelt es sich um eine innere Angelegenheit des jeweiligen Landes.

Oder ein weiteres Dogma, nämlich, daß bei uns im Sozialismus die Produktionsverhältnisse der Entwicklung der Produktivkräfte voll und ganz entsprechen. Nun wiederholten wir diese Formel schon lange, ohne uns allzu sehr Gedanken darüber zu machen, daß sie natürlich in einem gewissen Stadium richtig war, doch daß später Widersprüche auftraten. Aber den Gesellschaftswissenschaftlern mangelte es sowohl an Zivilcourage als auch an Entschlossenheit, Konsequenzen zu ziehen. Und erst das April-Plenum des ZK und der XXVII. Parteitag haben auch mit diesem Dogma gebrochen.

Die Gesellschaftswissenschaftler sind auf allen Ebenen der Umgestaltung tätig, auf dem Gebiet der Wirtschaft, der sozialen Verhältnisse, der Kultur und des Bewußtseins. Und ich möchte hervorheben, daß bei uns im Mittelpunkt der Mensch, die Probleme des Humanismus stehen. Ein richtiges Verstehen dieser Probleme und ihre Beleuchtung durch die Massenmedien ist von außerordentlich großer Wichtigkeit.

Wir Wissenschaftler werden zu Recht kritisiert, daß wir zu langsam sind und der Zeit nachhinken. Das trifft besonders für die Ausarbeitung konkreter Handlungsweisen und strategischer Linien zu. Allgemeine Festlegungen hinsichtlich der Wirtschaftsform und der Entwicklung der Demokratie gibt es bei uns recht viele. Was jedoch die Verwirklichung dieser wichtigsten Hebel der Umgestaltung betrifft, so mangelt es einstweilen noch daran. Auch die komplizierten strategischen Fragen der Wirtschaftsreform sind bis jetzt noch ungenügend ausgearbeitet. Wir sind uns dessen bewußt.

Es stimmt, auf die Dynamik in der Wissenschaft und ganz besonders in der Gesellschaftswissenschaft kommt es am meisten an. Stagnationserscheinungen und Konservatismus haben wir in Hülle und Fülle. Die Kader stellen sich nur langsam um, und einige sind der Ansicht, sie brauchten sich überhaupt nicht umzustellen, denn sie arbeiteten ohnehin gut. Deshalb möchte ich abschließend ein weiteres Mal hervorheben, daß wir mehr Dynamik benötigen.

## Valentin Tschikin, Chefredakteur der Zeitung »Sowjetskaja Rossija«

Die größte Schwierigkeit, mit der wir konfrontiert wurden, so berichtete *Valentin Tschikin*, Chefredakteur der Zeitung »Sowjetskaja Rossija«, ist die nachdrückliche Forderung des Lesers: weniger Gerede über die Umgestaltung und mehr konkrete Beiträge über deren Resultate. Bringt konkrete Resultate von zwei Jahren, zeigt die besten Erfahrungen usw. Das ist die komplizierteste und schwierigste Aufgabe, vor die sich wohl jedes Redaktionskollektiv gestellt sieht. Hierbei gibt es mehrere Probleme.

Das erste besteht darin, daß wir nicht allzu reich an Adressen sind. Zu bemerken ist, daß sich die Organisationen, aber auch die einzelnen Menschen an der Basis sehr zurückhaltend verhalten, wenn ihre Erfahrungen studiert und verallgemeinert und ihnen gute Noten erteilt werden sollen. Es ist eine Zeit der Selbstkritik, aber auch eine Zeit zahlreicher Initiativen. Niemand beeilt sich, dieses oder jenes Resultat als seinen Sieg zu verbuchen. Aber der Bedarf an diesen Erfahrungen, der Bedarf an realen Resultaten ist enorm.

Und dann noch eins. Ich bin der Ansicht, daß wir Journalisten noch nicht über eine ausgefeilte Scharfsichtigkeit verfügen, daß wir es nicht verstehen, vieles zu bemerken, zu unterscheiden, aus dem Leben auszusondern. Und daraus resultieren oberflächliche Einschätzungen und Auffassungen.

Gegenwärtig sind in Plenarsitzungen und Versammlungen Rechenschaftslegungen über die Umgestaltung im Gange. Wir bringen zahlreiche Beiträge darüber, doch auch dort haben wir nicht viele Adressen für den Erfahrungsaustausch ausfindig machen können. Die Rechenschaftslegungen und die Plenartagungen verlaufen jedoch sehr interessant, es gibt da viele ungewöhnliche Formen, viel Scharfes; gespannt lauscht man den Diskussionsbeiträgen. Wir hatten einen Beitrag aus Jaroslawl . . .

*Michail Gorbatschow:* Das war ein guter, interessanter Beitrag. Überhaupt, bei der Beleuchtung der Rechenschaftslegungen hat es bei Ihnen viel Interessantes gegeben; besonders wenn dies über einen Dialog, über eine Konfrontation von Auffassungen vermittelt wird, ist das interessant und lehrreich.

*Walentin Tschikin:* Ich möchte noch folgendes zur Sprache bringen. Natürlich, ein Aspekt des Erfahrungsaustauschs ist das Beleuchten der Umgestaltung am Beispiel einer konkreten Persönlichkeit. Wir haben versucht, dem Leser eine ganze Reihe Porträts von Bauleitern der Umgestaltung vorzustellen. An die drei bis vier Dutzend davon haben wir bereits gebracht, aber ich muß es hier offen gestehen, daß unsere Kräfte nicht ausreichen. Wir haben versucht, uns an Schriftsteller zu wenden. Wir haben da ein paar Kollegen, die mit der Zeitung eng verbunden sind. Dazu gehören Iwan Wassiljew, Wladimir Sitnikow, doch es fällt uns sehr schwer, jemanden aus Moskau auf eine Dienstreise an die Front der Umgestaltung zu schicken, wie es in den 40er Jahren geschah.

*Michail Gorbatschow:* »Schicken« ist ein Ausdruck aus dem Vokabular der Zeiten der administrativen Weisungsmethoden. Bitten sollte man. Solche Leute können wir in Moskau finden, Sie haben da nicht recht.

*Walentin Tschikin:* Das wird von großem Nutzen sein, einstweilen aber haben die Leute ein größeres Interesse daran, das drucken zu lassen, was vor 15 oder 20 Jahren nicht gedruckt wurde.

Gegenwärtig, da wir über die heutigen konkreten Erscheinungen sprechen, ist der Bedarf groß, dies dennoch mit unserer gesamten Sozialismus-Konzeption in Einklang zu bringen. Bei uns ist eine großartige, meiner Ansicht nach überaus flexible und exakte Formel entstanden: »Mehr Sozialismus«. Doch ein Mehr bedeutet eine Steigerung. Eine beliebige Erscheinung von heute hängt mit unseren Wurzeln zusammen. Der Kollektivvertrag, die Genossenschaftsbewegung, die wirtschaftliche Rechnungsführung usw. – das alles resultiert aus dem Wesen des Sozialismus, und wir sollten diese Geschichte der sozialistischen Bewegung jetzt nicht unterbrechen. Vielmehr gilt es, sachkundig aufzuzeigen, was angeschwemmt, was stagnationsbedingt und was hemmend war, gleichzeitig aber das zu sehen, was uns lieb und teuer, was sozialistisch ist, worauf der Mensch steht, was einen Teil seines Lebens bildet, damit es nicht zu einer ideologischen Heimatlosigkeit kommt.

Es ist ein offenes Geheimnis, daß uns unser ideologischer Gegner den Gedanken zu suggerieren sucht, wir könnten unsere Probleme nicht auf sozialistischem Wege, sondern dadurch lösen, daß wir die Gestalt des Privatbesitzers, des Kapitalisten wiederauferstehen lassen.

Mich hat ebenso wie uns alle der historische Optimismus des Referats über den 70. Jahrestag der Oktoberrevolution stark beeindruckt. Das ist eine gediegene Basis, nur sollten wir uns bei unserem geschichtlichen Suchen ein bißchen beruhigen und uns der Alltagsdinge annehmen. Bedauerlicherweise sind die Materialien in der Presse jetzt m. E. nicht immer in diesem Sinne. Eine gewisse Hast ist zu verzeichnen, besonders, wenn es um die Geschichte geht. Eine solche Hast ruft nach meiner Auffassung negative Stimmungen in den Seelen der Menschen hervor. So wurde gestern ein Dokument, der Beschluß des Politbüros über die erneute Umbenennung der Stadt Nabereshnyje Tschelny und des Moskauer Stadtteils Tscherjomuschki, die nach Breschnew benannt worden waren, veröffentlicht. Ein sehr strenges, ein ausgewogenes Dokument. Wir wissen, daß die Menschen darüber reden, sich ihre Gedanken machen, sich das durch den Kopf gehen lassen möchten. In der »Iswestija« habe ich einen sehr kompakten, jedoch überaus freundlichen Beitrag gelesen, in dem große politische Aspekte des Lebens berührt werden, jedoch rücksichtsvoll, vernünftig. Doch später fand ich in einer anderen Zeitung eine Stellungnahme ganz anderer Art.

*Zwischenruf:* In der Zeitung »Moskowskaja Prawda«.

*Walentin Tschikin:* Er enthält solche Sätze, die, bitte entschuldigen Sie, wie eine Schändung klingen.

*Michail Gorbatschow:* Hier tritt eine gewisse Sensationshascherei zutage. Muß das denn unserer Presse eigen sein? Wir wollen über die schwierigen Dinge ernst schreiben, sowohl über die heutigen als auch über die von gestern, jedoch verantwortungsbewußt, wissenschaftlich fundiert, um das auch noch so schwere Material richtig aufarbeiten zu können. Wenn Fehler zugelassen wurden, so müssen diese korrigiert werden – mögen es auch ganz ernste Fehler sein. Reicht etwa unser Mut dazu nicht aus? Wir haben uns ein revolutionäres Werk vorgenommen, wir wollen das Land aus der Stagnation herausführen, und da sollte es uns an Mut fehlen, diese Probleme so auszudiskutieren, daß wir uns in unseren Entscheidungen und Schritten einig sind?

Ich bin dafür, daß bei uns die Grundsätze des Sozialismus, der Demokratie, der Offenheit und der Kritik triumphieren. Daß Ehrlichkeit und Aufrichtigkeit herrschen. Und alles soll natürlich im Interesse des Volkes, nicht aber um einer biligen Sensation willen geschehen.

Wir haben unsere Fehlkalkulationen einer mutigen Analyse unterzogen. Wann hat es eine solche Analyse nach Lenin gegeben? Es war eine allseitige, eine ausgewogene Analyse. Meiner Ansicht nach begreifen Sie sehr wohl, daß wir viele harte Tatsachen hätten finden können, um unsere sehr ernsten Schlußfolgerungen und Leitsätze zu veranschaulichen. Und das zu jeder Frage. Kommt es aber jetzt nur auf die Fakten an, die die Leidenschaften erhitzen sollen? Ich bin überzeugt, daß das nicht unser gemeinsamer Weg ist. Für uns gilt vielmehr, aufzubauen, den Sozialismus zu erneuern. Wir müssen unsere Gesellschaft voranbringen, indem wir uns auf die Wurzeln stützen und all die Säfte nutzen, die uns von den Wurzeln zugeführt werden, die tief in unsere Geschichte und um so mehr in unsere sozialistische Geschichte reichen, und alles Negative abtrennen, was aus den 30er und 40er Jahren oder aus der jüngsten Stagnationsperiode herrührt.

Für uns gilt es, vorwärts zu schreiten und vorauszublikken. Ein Gespräch von Herz zu Herz wird auch dazu geführt, daß es sich in der Seele niederschlägt. Deshalb gibt es keinerlei Rückstöße, keinerlei Zurückweichen, im Gegenteil, nur vorwärts und vorwärts!

## Valentin Falin, Vorstandsvorsitzender der Presseagentur »Nowosti«

In seinem Diskussionsbeitrag sagte *Valentin Falin,* Vorstandsvorsitzender der Presseagentur Nowosti:

Die Zeit, in der wir heute leben, zeichnet sich, wie mir scheint, unter anderem durch eine Eigenart aus, nämlich durch das Wachstum der geistigen Bedürfnisse aller Völker und die Zunahme des geistigen Faktors im Leben eines jeden Volkes und eines jeden Staates.

Alle Fehler, die wir in der Geschichte begangen haben, müssen Vergangenheit bleiben. Wir haben kein Recht darauf, die Fehler zu wiederholen, aber auch keins, neue Fehler zu begehen, um uns irgendwann, 10 oder 15 Jahre danach, erneut zu korrigieren.

Wir haben sozusagen den Vertrauenskredit erschöpft bzw. sind nahe daran, ihn zu erschöpfen. Und wir können heute nur die Wahrheit schreiben, die ganze Wahrheit. Und wenn wir außerstande sind, heute die Wahrheit zu sagen, so ist es besser, eine Weile zu schweigen, bis wir es später sagen können, jedoch mit solchen Worten, wie es gesagt werden muß. Doch wenn wir von der Geschichte reden, lassen wir uns in der letzten Zeit oft dazu hinreißen, daß wir uns bezichtigen. Und wenn wir von der Geschichte reden, so verstehen wir darunter nur die Geschichte des Sowjetstaates und Rußlands. Dabei ist die Geschichte mit uns allein bei weitem noch nicht erschöpft, und vieles von dem, was es in unserer Geschichte gegeben hat, ist eine Ableitung, eine Reflexion der Ereignisse, die außerhalb unseres Landes vor sich gegangen, die ein Resultat unserer Beziehungen mit anderen Ländern gewesen sind und in unsere Wirklichkeit von auswärts projiziert wurden.

Heute, führte *Valentin Falin* weiter aus, fällt einem die Feststellung nicht schwer, wenn man sehr aufmerksam das westliche Echo auf die Umgestaltung, auf die Ergebnisse des Besuchs in Washington und darauf verfolgt, was nach Washington bevorsteht, daß man dort daran geht, Akzente ganz und gar nicht auf die Momente zu setzen, die im vorigen und im vorvorigen Jahr präsent waren. Begeisterung in Verbindung mit der Erneuerung, der Demokratisierung und der Offenheit ist da schon nicht mehr zu finden. Im Gegenteil.

*Michail Gorbatschow:* Und was das Wichtigste ist: Es wird versucht, unser Volk zu verunsichern. Alles, was in Russisch und in den Sprachen anderer Völker unser Land erreichen soll, zielt darauf ab, Zweifel daran aufkommen zu lassen, daß wir die Umgestaltung bewältigen.

*Valtentin Falin:* Das ist die eine Seite der Sache. Die andere besteht jedoch darin, das Mißtrauen, das es dort gegeben hat, zu fördern, neues Material, neuen Zündstoff zu liefern, um es weiter zu schüren. In diesem Zusammenhang möchte ich darauf verweisen, daß diese Absicht sehr ernst zu nehmen ist. Nach dem ersten Weltkrieg haben die Amerikaner deshalb uns gegenüber eine so feindselige Haltung bezogen, weil sich der US-Soldat, der von der Front zurückgekehrt war, gegen das eigene System auflehnte. Der amerikanische Arbeiter forderte nach der Oktoberrevolution soziale Rechte. Nach dem zweiten Weltkrieg kam es nur deshalb nicht zu einer Wende im Verhältnis zur Sowjetunion, weil die Amerikaner nicht gewillt waren, die Früchte des Sieges mit uns zu teilen. Die US-Administration befürchtete, daß freundschaftliche Gefühle für die Sowjetunion die Innen- und Außenpolitik dieses Staates beeinflussen könnten.

Dies gab Sulzberger 1946 zu, dies gestehen auch solide Wissenschaftler in ihren Abhandlungen ein, und das ist eine wahre und reale Tatsache. Es gibt ein Dokument des US-Geheimdienstes, in dem empfohlen wurde, 1943 die Koalition mit der Sowjetunion aufzukündigen und sich mit dem faschistischen Deutschland zu vereinigen, um einen gemeinsamen Kampf gegen die Sowjetunion zu führen. Man schrieb den August 1943, es war also gleich nach der Schlacht am Kursker Bogen. Deshalb müssen wir, wenn wir aufmerksam das verfolgen, was sich in den Vereinigten Staaten abspielt, diese Wendung in den Stimmungen als Anzeichen für sehr ernste, heranreifende Veränderungen wahrnehmen und uns darauf einstellen.

*Valentin Falin* ging anschließend auf die Reserven der sowjetischen Presse bei der Umgestaltung, der Offenheit und der Demokratisierung ein und stellte fest, daß vieles durch zweckmäßige, zielgerichtete und systematische Aktionen getan werden kann. Die Presseveröffentlichungen und die Folgen, die durch eine solche Veröffentlichung ausgelöst werden, müssen adäquat sein. Das ist jedoch bei weitem nicht immer der Fall. Mitunter wird in der Zeitung eine himmelschreiende Tatsache aufgedeckt; der Leser wartet nun auf die Reaktion, diese bleibt jedoch aus. Nun fragt man sich, wozu mußte man die Leute beunruhigen? So kommt es, daß die ganze Offenheit nur auf das Recht reduziert wird, von etwas zu sprechen, wovon nicht gesprochen werden durfte, Auswirkungen der Kritik bleiben jedoch aus. *Valentin Falin* machte darauf aufmerksam, daß sich gegenwärtig bereits neue Bremsmechanismen abzeichnen, die sich im Prozeß der Umgestaltung herausgebildet haben.

## Viktor Afanassjew, Chefredakteur der »Prawda«

Dann ergriff *Viktor Afanassjew,* Chefredakteur der Zeitung »Prawda«, das Wort. Er stellte fest: Unsere Presse und nicht zuletzt die »Prawda« haben in der ersten Etappe der Umgestaltung, als es darauf ankam, sozusagen eine Bestandsaufnahme vorzunehmen – was wir haben, wo wir stehen, mit welchen Problemen wir konfrontiert sind, welche Fehlschläge, Fehler und Mängel zu verzeichnen sind und wohin wir weiter zu gehen haben – gute Arbeit geleistet. Dabei haben wir uns alle im Kritisieren prima eingefuchst. Doch dann mußte man nach reiflicher Überlegung, vor allem aber durch die Beschlüsse des XXVII. Parteitags und die Ausführungen von Michail Sergejewitsch Gorbatschow, zwangsläufig zu der Schlußfolgerung gelangen, daß sich die Umgestaltung mit Kritik allein nicht verwirklichen läßt. Und eben da sahen wir uns mit dem Schwierigsten konfrontiert. Die »Prawda« zog, das muß hier offen gesagt werden, in mancher Hinsicht den kürzeren, eine Zeitlang war sie in gewisse

Verwirrung geraten, wir wurden dafür auf einer größeren Beratung zu Recht kritisiert. Wir zogen Lehren daraus und veranlaßten eine Reihe von Sofortmaßnahmen, aber auch Langzeitschritte.

Wir sind der Ansicht, daß es für die Presse jetzt, in der zweiten Etappe der Umgestaltung, vor allem darauf ankommt, die positiven Erfahrungen der Umgestaltung in ihren ganz unterschiedlichen Aspekten, und zwar dem menschlichen, dem technologischen, aber auch dem sozialpsychologischen Aspekt, ausfindig zu machen, zu popularisieren und zu fördern. Hierbei sollten wir engere Kontakte zu den Parteiorganen, zu den Abteilungen und der Führung des Zentralkomitees pflegen, damit wir sowohl Adressen als auch Namen und viele Ratschläge und Wünsche bekommen können.

Weiter: die Suche nach diesen Erfahrungen gelingt uns einstweilen noch unzureichend, jawohl, schlecht. Und mancherorts verstehen wir es nicht einmal, danach zu suchen. Warum? Weil wir Journalisten auf die Arbeit unter den neuen Bedingungen, auf die Lösung neuer, gegenwärtiger Probleme ungenügend vorbereitet sind. Man nehme die Ware-Geld-Beziehungen. Wir haben uns mit ihnen nicht befaßt. Die Wissenschaft hat sich damit nicht befaßt, wie es sich gehört hätte. Man nehme die Genossenschaftsbewegung, die individuelle Erwerbstätigkeit, und wiederum haben wir uns damit nicht beschäftigt. Man nehme die menschlichen, die sozialpsychologischen Aspekte unseres Lebens, und auch diese Dinge sind uns nicht vertraut. Deshalb sind wir daran gegangen, uns umschulen zu lassen. Wir sind daran gegangen, mehr Wissenschaftler, kompetente, sachkundige Menschen heranzuziehen, doch leider ist uns auch die Wissenschaft einstweilen ein schlechter Helfer.

Wir brauchen beispielsweise einen Artikel, einen aktuellen, interessanten und modernen Beitrag. Da kann man etliche Institute ablaufen, alle Akademiemitglieder und Kandidaten der Akademie anrufen, doch den erforderlichen Artikel kriegt man nicht. Manches Mal sieht man sich genötigt, etwas vielleicht nicht qualifiziert genug zu tun; dafür werden wir dann kritisiert. Deshalb müssen auch wir lernen, neue Probleme zu meistern. Offenbar müßten auch unsere Gesellschaftswissenschaften zum Aufholen bewogen werden, und zwar ganz entschieden.

*Viktor Afanassjew* unterstrich, daß sich in der jüngsten Zeit Mechanismen zum Bremsen der Pressekritik reproduzieren. Dazu gehörten nichtssagende Antworten und Nichtübereinstimmung der getroffenen Maßnahmen und der Zeitungskritiken. Dazu gehöre auch das Umsteigen von einem Sessel in einen anderen. Und auch die wohl am weitesten verbreitete Methode, nämlich die, im kritischen Beitrag eine kleine Ungenauigkeit zu finden, vielleicht eine zweite Ungenauigkeit, ebenfalls nicht groß, und sich dann, obwohl der Beitrag im Prinzip richtig ist, anzuschicken, das ganze Material zu verwerfen. Bedauerlicherweise finden wir an der Basis nicht immer die Unterstützung der Parteiorgane.

Die Frage nach den »weißen Flecken« in unserer Geschichte, führte der Chefredakteur der »Prawda« weiter aus, wurde mit aller Offenheit im Referat anläßlich des 70. Jahrestages des Großen Oktober aufgeworfen. Es wurde erklärt, daß wir diese »weißen Flecke« aus der Welt schaffen müssen. Im weiteren sprach *Viktor Afanassjew* davon, daß einige Autoren, die sich dieser Themen annehmen, weder über das erforderliche Wissen noch über Verantwortungsgefühl verfügen. Dabei gehe es doch um die Geschichte eines großen Landes und der Partei. Und hier bedarf es anspruchsvoller Strenge, Ausgewogenheit und Exaktheit. Der Diskussionsredner machte in diesem Zusammenhang kritische Bemerkungen zum Bühnenstück »Weiter ... weiter ... weiter ...!« von Michail Schatrow.

*Viktor Afanassjew* forderte seine journalistischen Kollegen dazu auf, die parteilichen Prinzipien nicht aufzugeben und sich in der Politik von den Prinzipien leiten zu lassen, die das Zentralkomitee der KPdSU, der XXVII. Parteitag und die darauffolgenden Plenartagungen des ZK entwickelt haben.

## Elem Klimow, Verband der Filmschaffenden

Vom Bestreben des Verbandes der Filmschaffenden der UdSSR, eine Atmosphäre der absoluten Publizität, des offenen, kameradschaftlichen Dialogs zu schaffen, sprach *Elem Klimow,* Erster Sekretär des Vorstandes dieses Verbandes. Darin, hob er hervor, bestünde das wichtigste Mittel zur Konsolidierung aller unserer Kräfte. Wir müßten es lernen, uns auszusprechen, zu streiten, einander zuzuhören. Zu diesem Zweck sei im Verband ein Forschungszentrum gebildet worden, in dem unter anderem Soziologen vertreten sind. Unter allen Verbandsmitgliedern gab es eine Befragung und auf deren Grundlage wird die entsprechende Analyse vorgenommen, die uns befähigt, unsere Tätigkeit zu korrigieren.

Auf das Thema »Reform und Filmkunst« eingehend, stellte der Redner fest, daß die Reform alles andere als einfach vor sich gehe. Jetzt sehe man viel deutlicher, was einst »unter Wasser« verborgen geblieben war. Und da die Reform die Interessen der Menschen recht spürbar beeinflußt, kamen Erscheinungen auf, deren Existenz wir zuvor nicht einmal vermutet hatten. Das ist für den Umgestaltungsprozeß im ganzen Land, in sämtlichen Bereichen kennzeichnend.

Ist das gut oder schlecht? Es ist besser, das zu kennen, was an Bodensatz hochgekommen ist, als wenn man davon keine Ahnung hat. Ob es in der Filmkunst Gegner der Umgestaltung gebe? Es gibt sie und sie fordern offen dazu auf, zu den Zeiten zurückzukehren, da von einem bestimmten Zentrum aus bestimmten Menschen verordnet wurde, welchen Film sie zu drehen haben. Diese Leute wollen, daß es genau wie früher eine Reihenfolge zum Filmen gibt, damit jeder schön der Reihe nach seinen Film drehen kann, selbstverständlich für staatliches Geld. Hat das vielleicht mit künstlerischem Schaffen etwas zu tun, wenn jeder arbeiten und sich dabei an das Prinzip der Reihenfolge halten muß? Unsere Reform setzt eine künstlerische Rivalität voraus. Nur ein interessantes, problemreiches, wahrheitsgetreues Projekt, gesichert durch das Talent der Schöpfer, hat das Recht, aufgeführt zu werden. Jetzt gibt es vielleicht stärker denn je das Masseninteresse, anders zu leben und künstlerisch zu schaffen.

In seinen weiteren Ausführungen schnitt *Elem Klimow* die Frage nach dem Autorenrecht auf einen Film an. Eine positive Entscheidung dieser Frage würde es nach seiner Ansicht unterbinden, daß unsere Streifen auf 45 bis 60 Minuten »zusammengestutzt« werden, wie dies beispielsweise mit dem Film »Agonie« in Frankreich und den USA geschehen ist, aus dem sämtliche politischen Szenen entfernt wurden.

*Elem Klimow* nannte die Staatlichen Filmkomitees der Republiken eine überflüssige, die Entwicklung hemmende Instanz. Es liegt ein Vorschlag vor, stellte er fest, der sich ideal in unsere Reform fügt, nämlich die Bildung von Produktionsvereinigungen auf der Basis der wirtschaftlichen Rechnungsführung. Größere Republiken, präzisierte der Diskussionsredner, lösen das Problem bereits so. Was jedoch die anderen Republiken betrifft, so plädieren diese für eine Verschmelzung mit den dortigen Kulturministerien, für die Bildung solcher Organisationen bzw. Komitees, in denen sowohl die Filmkunst als auch das Staatliche Komitee für Verlagswesen und auch das Kulturministerium vereinigt sind. Meiner Ansicht nach, führte er aus, tut eine einheitliche Branche not, die für die gesamte Filmkunst verantwortlich zeichnet.

*Elem Klimow* lenkte ferner die Aufmerksamkeit der Anwesenden auf das Problem der Stiftung eines Roman-Karmen-Museums, in dem Arbeiten und Dokumente der Frontkameraleute zusammengetragen werden sollen. Wir sind der Ansicht, führte er aus, daß solche Museen eröffnet werden müssen. Der Moskauer Stadtsowjet vertritt jedoch den Standpunkt, daß dies unnötig sei. Und die zahlreichen Publikationen in den Zentralzeitungen finden ebenso wie Beiträge im Rahmen der Fernsehsendung »Projektor perestrojki« (Scheinwerfer der Umgestaltung) keinen Widerhall.

## Michail Nenaschew, Vorsitzender des Staatskomitees für das Verlagswesen

Solche Treffen im ZK sind zu einer wunderbaren Lehrstunde der Aufrichtigkeit, des Vertrauens und der Verantwortung geworden, sagte *Michail Nenaschew*, Vorsitzender des Staatlichen Komitees für Verlagswesen der UdSSR. Sie beeinflussen den Charakter und den Inhalt unserer Arbeit stark. Kürzlich habe ich in einer Ausgabe folgendes gelesen: Damit in der Gesellschaft Veränderungen möglich sind, sind zwei Bedingungen erforderlich. Die erste Bedingung sind die hohen Ziele. Und die zweite die großen Widerstände.

Wir haben in der Tat hohe Ziele, und zwar sowohl soziale als auch gesellschaftliche. Es sind revolutionäre Ziele! Andererseits stoßen wir auch auf Widerstände. Wir haben kein Recht, diese zu unterschätzen. Ich rede deshalb darüber, weil ich von den Problemen ausgehe, die heute vor den Verlegern stehen. Wir sind uns dessen bewußt, daß das Verlagswesen am stärksten durch den blinden Gehorsam geschädigt worden ist, bei dem alles auf der Grundlage des überaus straffen Zentralismus organisierte wurde: Dies ist zu verlegen und jenes nicht. Jetzt streben wir einen demokratischen Verlagsprozeß an. Es gibt bei uns noch solch riesige Schranken in Form von Rezensionen und Gutachten, daß es für einen neuen Autor mit frischen Ideen, die sich nicht in die früheren Klischees fügen, gar nicht einfach ist, veröffentlicht zu werden. Und deshalb bleibt ein Buch, das als Meinung, als Polemik, als Dialog konzipiert worden ist, immer noch eine Rarität. Nachdem wir im ZK unserer Partei Unterstützung bekommen hatten, gingen wir zu radikalen Maßnahmen über. Wir haben beispielsweise folgenden Beschluß gefaßt: Jeder Verfasser hat das Recht auf volle Selbständigkeit, auf seine Auslegung dieser oder jener Erscheinung. Der Verlag kann im Vorwort zu einem Buch darauf verweisen, daß er die Position des Autors in mancher Hinsicht nicht teilt, es jedoch für notwendig erachtet, das Buch zu veröffentlichen, damit sich der Leser selbst sein Urteil über das Werk bildet.

Nachdem *Michail Nenaschew* in seinen weiteren Ausführungen auf die Themenpläne der Verlage eingegangen war, räumte er ein, daß dort keinerlei Veränderungen zu bemerken seien. Viele Monographien, stellte er fest, seien vor zwei oder gar drei Jahren verfaßt worden und enthielten keine neuen Gedanken. Es liege daran, daß es für die Verlage weitaus leichter ist, im Auftrag arbeiten zu lassen. Die Umgestaltung im Verlagsprozeß werde von vielen folgendermaßen aufgefaßt: Es hat falsche Weisungen gegeben, nun ist die Umgestaltung da, und nun gibt es andere, vernünftigere Weisungen. Welches Buch verlegt und welches nicht verlegt werden soll, darüber hat nur der Verlag zu entscheiden. Wir müssen uns mit der Strategie der Verlagspolitik, mit der großen Ideologie, nicht aber mit der besonderen, der kleineren, der administrativen befassen.

*Nenaschew* schnitt Probleme an, die mit der Stärkung der materiell-technischen Basis dieses Wirtschaftszweiges zusammenhängen, und stellte fest, daß die Papierknappheit oft jene Redakteure besorgt macht, nach deren Ausgaben die Nachfrage stark gestiegen ist. Sie hätten sich eigentlich darüber freuen sollen, bemerkte er, sie werden jedoch statt dessen vom Kummer geplagt: Wo sollen sie Papier für die größer gewordene Auflage hernehmen?

Ich möchte ferner hervorheben, daß unsere Polygraphie zu den rückständigsten Wirtschaftszweigen gehört, sagte er. In dieser Beziehung gibt es für uns kein Zurück mehr. Trotzdem werden die gefaßten Beschlüsse über ihre Entwicklung nicht erfüllt. Weder die Maschinenbauministerien, noch die Bauministerien, noch das Ministerium für Forst- und Papierindustrie machen einen Finger krumm. Wollen wir etwa die historischen Schriften in nicht ausreichenden Mengen liefern? Beim Verlegen dieser Schriften hat es eine Periode gegeben, da wir den Menschen die Möglichkeit nahmen, das gesellschaftliche und politische Denken in

Rußland in vollem Umfang zu begreifen und einzuschätzen. Jetzt gibt es ein ganzes Programm für die Herausgabe solcher Schriften, und wir sind daran gegangen, es in die Tat umzusetzen. Doch unsere Möglichkeiten sind dermaßen begrenzt, daß sich die Herausgabe eines Buches in einer Zusatzauflage von 10 000 Exemplaren zu einem Problem auswächst, das nur schwer zu lösen ist. Wir haben die Abonnentenzahl für die Werke von Solowjow und Kljutschweski von 50 000 auf 200 000 Exemplare erhöht. Doch die Nachfrage ist natürlich unermeßlich größer. Wir können sie jedoch nicht befriedigen. Unsere Kräfte reichen nicht aus.

Wir benötigen dringend Hilfe. Denn es geht um ein außerordentlich wichtiges und notwendiges Anliegen. Unser Druckmaschinenbau wird uns in den nächsten fünf bis sieben Jahren nichts Hochwertiges bieten können, Außerdem muß auch endlich das Papierproblem gelöst werden.

## Wladimir Karpow, Erster Sekretär des Schriftstellerverbandes

*Wladimir Karpow,* Erster Sekretär der Vorstandes des Schriftstellerverbandes der UdSSR, stellte fest, daß die Autorität des Schriftstellerverbandes zunehme. Alle Zeitschriften, führte er aus, haben ihre Auflagen steigern können. Die Zeitschrift »Nowy Mir« hat beispielsweise ihre Auflage mehr als verdoppelt, die Zeitschrift »Druschba Narodow« hat sie verfünffacht, und auch die »Literaturnaja Gaseta« hat ihrem ständigem Leserkreise weitere 700 000 Abonnenten hinzugefügt. Gestiegen ist die Auflage natürlich nicht nur wegen der Versprechungen, im kommenden Jahr gewisse sensationelle bzw. »heiße« Sachen zu veröffentlichen. Aber vielleicht haben auch sie – ich möchte das nicht leugnen – einen bestimmten Teil der Leser beeinflußt.

*Zwischenruf:* Einen kleineren Teil, ganze 90 Prozent.

*Wladimir Karpow:* Vielleicht ist dem so. Viele Leser fragen, ob das künstlerische Niveau hoch sei. Es stimmt, »Kinder des Arbat« [von Anatoli Rybakow; d. Hrsg.], das ist notwendig, vom Herzen kommend und interessant. Für die »Weißen Kittel« [von Wladimir Dudinzew; d. Hrsg.] trifft das gleiche zu. Und wie ist es mit dem künstlerischen Niveau bestellt? Vielleicht sind auch das gewisse Meilensteine der Zeit? Die Leser warnen: Paßt auf, daß nicht eine neue Konjunktur aufkommt, daß nicht nur ein paar Worte über Repressalien, über allerlei negative Dinge gesagt und dann weitere 300 Seiten Grau in Grau hinzugefügt werden.

Einige Worte noch zur wirtschaftlichen Rechnungsführung. Sie gilt bei uns für alle, so verstehe ich es. Und warum kann dann der Schriftstellerverband nicht auf der Basis der wirtschaftlichen Rechnungsführung arbeiten? Wir bestehen seit langem auf der wirtschaftlichen Rechnungsführung.

*Michail Gorbatschow:* Bei der wirtschaftlichen Rechnungsführung gibt es noch die Steuerpolitik.

*Wladimir Karpow* forderte die Leiter der Zeitungen auf, junge Schriftsteller häufiger für die Zusammenarbeit zu gewinnen und sie auf Dienstreisen zu schicken.

Im Anschluß an die Diskussion hielt Michail Gorbatschow das Schlußwort.

# Schlußwort von Michail Gorbatschow

Wir wollen unser Treffen abschließen. Als ich mich darauf vorbereitete, erbat ich mir eine statistische Aufstellung für die Jahre 1985 bis 1987. Was spielte und spielt sich bei uns in diesen Jahren in der Wirtschaft und im sozialen Bereich ab? Die Angaben, die hier gemacht werden, sprechen Bände. Die Steigerung der Arbeitsproduktivität hat uns stets Sorgen bereitet. Doch in den letzten drei Jahren stieg die Zuwachsrate der Arbeitsproduktivität gegenüber den jahresdurchschnittlichen Kennziffern des elften Planjahrfünfts in der Industrie auf das 1,3fache, im Bauwesen auf das 1,6fache, in der Landwirtschaft auf das 2,8fache und im Eisenbahnverkehr auf das 3,6fache. Wenn in den Jahren 1981 bis 1984 durch die Steigerung der Produktivität der gesellschaftlichen Arbeit 86 Prozent des Zuwachses an Nationaleinkommen und in den Jahren 1985 bis 1986 schon 95 Prozent ermöglicht wurden, so waren es 1987 bereits 100 Prozent. In der Industrie wurde dies sogar bei einer Verringerung der Beschäftigtenzahl erreicht.

## Es gibt schon spürbare wirtschaftliche Fortschritte

Es ist sehr wichtig, daß sich die Situation sowohl bei der Zuwachsrate der Arbeitsentlohnung als auch bei der Produktivität der gesellschaftlichen Arbeit zum Besseren gewandelt hat. Damit war es bei uns immer besonders schlecht bestellt. Betrachten Sie einmal, was wir in den Jahren 1981 bis 1984 zu verzeichnen hatten. Das waren gerade die Jahre, die besondere Unruhe mit sich brachten. Der Zuwachs der Entlohnung der Werktätigen, die in der materiellen Produktion beschäftigt waren, überholte die Zuwachsrate der Arbeitsproduktivität um 17 Prozent. Das heißt, daß zwar das Geld gezahlt wurde, der Nutzeffekt jedoch ausblieb.

Jetzt erfolgt die Erhöhung der Löhne und Gehälter in dem Maße, wie die Arbeitsproduktivität steigt. Der Wirtschaftsmechanismus ist in Aktion getreten. Und das schon, obwohl wir erst mit der Reform beginnen wollen, Genossen. Das wäre das eine.

Zum anderen. Nicht minder wichtig ist es, daß sich qualitative Veränderungen auch im Bereich des wissenschaftlich-technischen Fortschritts abspielen. Der Schwerpunkt wird hier auf den primären Maschinenbau, den Werkzeugmaschinenbau, die Elektrotechnik, den Gerätebau und auf die Zweige verlagert, die die Lösung von wissenschaftlich-technischen Problemen, die Entwicklung der Nahrungsgüter- und der Leichtindustrie sowie des sozialen Bereiches zu gewährleisten haben.

1987 ging die Erneuerung der Erzeugnisse in diesen Zweigen 2,9mal so schnell vor sich wie 1985. Ich muß einräumen, daß wir selbst etwas erstaunt waren, als wir unlängst die Maschinenbau-Ausstellung besuchten. Ein unverkennbarer Aufstieg ist eingetreten. Dabei haben wir eigentlich noch gar nicht alle Entscheidungen getroffen und sind erst seit mehr als einem Jahr dabei, das Programm für die Modernisierung unseres Maschinenbaus in die Tat umzusetzen.

Was zeigt die Ausstellung? Es werden jetzt Erzeugnisse hergestellt, die dem Weltniveau entsprechen und mitunter dieses auch übertreffen. Dabei wäre zu beachten: Wenn es sich bei 15 bis 20 Prozent um Muster handelt, die eben erst geprüft wurden, so entfällt der Rest auf Maschinen, die bereits in Serie gebaut werden. Unsere Menschen – sowohl Forscher als auch Techniker und Arbeiter – haben sich an die Arbeit gemacht, und nun läuft es!

## Die »Importpest«

Ihnen dürfte bekannt sein, daß man sich dem einheimischen Maschinenbau gegenüber in der Vergangenheit so verhielt, daß dieser schlicht und einfach vernachlässigt wurde. Der Erdölboom ermöglichte es, über Devisen zu verfügen, und wir kauften gedankenlos Ausrüstungen ein, wenn wir Produktionsaufgaben lösten. Wir kauften Ersatzteile ein, ohne den einheimischen Maschinenbau und die Wissenschaft gebührend zu entwickeln. Diese »Importpest«, wie sie von Akademiemitglied Anatoli Alexandrow zutreffend bezeichnet wurde, dämpfte im Grunde genommen den Prozeß der wissenschaftlich-technischen Entwicklung.

Und all dies spielte sich in unserem Riesenland ab, das es sich überhaupt nicht leisten kann, von wem auch immer technisch abhängig zu sein. Wir sahen uns buchstäblich in die Ecke getrieben. Eine komplizierte Kehrtwendung stand bevor. Und erst jetzt setzten wir uns in Bewegung nach vorn: Die Rechentechnik rührte sich vom Fleck, miteinander konkurrierende Wissenschaftlerkollektive machten sich an die Arbeit, und so sind wir dicht an die Entwicklung von EDV-Maschinen herangekommen, die imstande sind, eine Milliarde Rechenoperationen pro Sekunde durchzuführen. Ihnen sollen in den nächsten Jahren Maschinen folgen, deren Geschwindigkeit 10 Milliarden Operationen pro Sekunde betragen wird, und in absehbarer Zeit sind Supercomputer mit 30, 50 und sogar mehr als 100 Milliarden Operationen pro Sekunde zu erwarten. Die Aufgaben wachsen jedoch weiter. Begreifen Sie nun, welches Potential unserer Gesellschaft innewohnt? Die Beschleunigung hat eingesetzt.

Die Ausstellung hat das richtig reflektiert. Sie wurde bereits von einer halben Million Menschen besucht. Das war sozusagen ein kleiner Kommentar zu ihr.

## Zur Landwirtschaft

Seit ungefähr 1983 setzten sich die positiven Veränderungen auch in der Landwirtschaft durch. Diese Tendenz bleibt stabil. In der Viehwirtschaft stieg die Leistung der Tiere in all den Jahren an, und gegenwärtig ist bei allen Arten von Erzeugnissen ein Wachstum zu verzeichnen. Das Erbe, das uns die Stagnationsjahre hinterlassen haben, ist alles andere als einfach. Und deshalb ist es einfach unsere Pflicht, die Umgestaltung auf der Grundlage des wissenschaftlich-technischen Fortschritts und einer stärkeren persönlichen Interessiertheit sowie der Demokratisierung der gesellschaftlichen und der ökonomischen Prozesse zu entfalten. So ist unser Weg.

Für uns gibt es kein Zurück. Wir haben uns angesehen, wie das Nationaleinkommen in den einzelnen Volkswirtschaftszweigen zunimmt. Wegen welcher Positionen werden wir das vorgesehene Nationaleinkommen nicht erreichen? Wegen des Außenhandelserlöses, weil die Situation beim Erdöl ungünstig ist. Wir werden auch im Zusammenhang mit den sogenannten »Verlusten« durch Rückgang des Erlöses aus dem Wodkaverkauf weniger als geplant einnehmen. Doch wissen Sie, mit der Konjunktur, wie wir es bis in die jüngste Zeit hinein getan haben, läßt sich eine Sozial- und Wirtschaftspolitik auf die Dauer nicht gestalten. Deshalb sind die Wendungen, die wir jetzt vollziehen, sehr notwendig und begründet. Gemeint ist, daß wir dem Agrarsektor alles bieten, ihm sozusagen Tür und Tor öffnen. Es wurden bereits im Grunde genommen Entscheidungen getroffen, die alle Hindernisse aus dem Weg räumen, alles, was seine Entwicklung zum Stocken bringt. Nun kommt es auf die Psychologie der Leiter an. Was das Volk betrifft, so ist es bereit, Initiative zu zeigen, Verantwortung zu tragen, auch das Risiko zu übernehmen, mit dem das Betreiben der Landwirtschaft verbunden ist, und das deshalb, weil es seiner Kraft vertraut. Es hat dies bereits allerorts unter Beweis gestellt.

Wir bieten jetzt den Kolchosen und Sowchosen weitgehende Möglichkeiten, was die Selbständigkeit, die ökonomischen Voraussetzungen und auch was die Technik betrifft. Meiner Ansicht nach werden wir eine Stabilität im Agrarbereich durchsetzen können. Ganz besonders gilt das natürlich für den Feldbau.

## Die soziale Ausrichtung der Wirtschaft wurde verstärkt

Sehen Sie sich nur an, was für aufschlußreiche Prozesse sich in den anderen Bereichen abspielen. Wir haben viel dazu getan, um die soziale Ausrichtung unserer gesamten Volkswirtschaft zu verstärken. Was bringt das ein? Noch ist die

Kehrtwendung nicht abgeschlossen, aber bereits 1987 war die Zuwachsrate der Kapitalinvestitionen für diese Zwecke, für die Schaffung der materiellen Basis des sozialen Bereichs dreimal so hoch wie die in der gesamten Volkswirtschaft. Und was haben wir nun im Endergebnis? Man nehme die Jahre 1985 bis 1987. In diesen drei Jahren hat sich die Fertigstellung von Wohnraum im Jahresdurchschnitt um 9 Prozent, die der Schulen um 28, der Berufsschulen um 4, der Vorschuleinrichtungen um 10, der Krankenhäuser um 9, der Polikliniken um 24 und der Klubhäuser um 46 Prozent erhöht. In diesen Jahren haben 32 Millionen Menschen ihre Wohnverhältnisse verbessern können. Aufschlußreiche Angaben!

Der Konsum an materiellen Gütern und Dienstleistungen durch die Bevölkerung hat zugenommen. Der absolute jahresdurchschnittliche Konsumzuwachs für die Jahre 1985 bis 1987 bezifferte sich auf 18 Milliarden Rubel gegenüber 11 Milliarden in den vorangegangenen drei Jahren. Also betrug die absolute Zunahme 7 Milliarden Rubel. Warum spreche ich davon, Genossen? Alles, was wir tun, tun wir um des Volkes willen. Schließlich und endlich ist es das Volk, das das entscheidende Wort zu sagen hat. Und die Menschen leisteten unserem Ruf Folge. Sie unterstützten die Umgestaltung durch ihre Arbeit. Und das ist das Wichtigste. Eigentlich bestimmt das auch unsere gewaltigen Möglichkeiten in allen Lebensbereichen. Verfügt denn irgendein anderes Land über solche Möglichkeiten?

Man könnte mich fragen: Wieso weist die Statistik zunehmenden Konsum aus, während es bei uns an allem mangelt? Wir spüren das akut. Weshalb? Deshalb, weil sich die Geldeinkünfte nach einer Kurve und das Wachstum des Warenumsatzes nach einer anderen entwickelten. Der Konsum nahm zu, doch die zahlungskräftige Nachfrage wuchs noch rascher. Im Ergebnis dessen vergrößerte sich die Diskrepanz, die ungedeckte Nachfrage. Deshalb mangelt es bei uns an allem.

Hier wurde folgende Frage angeschnitten: Das Neue in der Wirtschaft läßt manchmal Zweifel, ja sogar Verdächtigungen aufkommen. Wenn man arbeitet, um die Bedürfnisse des Volkes zu befriedigen, um die Lebensverhältnisse der Menschen zu verbessern, so ist das begrüßenswert. Aber wir dürfen nicht zulassen, und wir werden es auch nicht zulassen, daß bei uns gewisse raffgierige Elemente auftauchen. Wir besitzen ökonomische, soziale und politische Mechanismen, die imstande sind, uns davor zu schützen.

## Schon 13 000 Kooperativen wurden gebildet

Doch ich möchte noch etwas anderes zur Sprache bringen. Das Interesse muß bei den Menschen gefördert werden. So ist es in der ganzen Welt üblich. So muß es auch bei uns sein. Sehen Sie sich das an, in unserem Land arbeiten bereits 13 000 verschiedene Kooperativen, mehr als 300 000 Menschen befassen sich mit individueller Erwerbstätigkeit. Für ein Land wie das unsere ist das nicht gerade viel, nichtsdestoweniger ist ein Schritt nach vorn getan worden.

Was bringt unsere Linie, die auf die Gesundung der Gesellschaft, der Wirtschaft und des sozialen Klimas einschließlich der Bekämpfung von Trunksucht und Alkoholmißbrauch gerichtet ist, uns ein? Hier nur einige Angaben und demographische Kennziffern. Sie dürften für uns alle nicht uninteressant sein.

In den Jahren 1986 bis 1987 starben jährlich im Durchschnitt 200 000 Menschen weniger als 1984, und die Sterblichkeit der Männer im arbeitsfähigen Alter infolge von Unfällen ist um 37 Prozent zurückgegangen. Was bedeutet Alkoholmißbrauch? Er bedeutet Verstöße, Havarien, Unfälle. Menschen schieden auf dem Höhepunkt ihrer Kräfte aus dem Leben. Es war nicht einfach, diese Tendenz zu wenden, doch wir haben sie geändert.

In den vergangenen zwei Jahren ist die Geburtenzahl gestiegen. In diesem Zeitraum wurden pro Jahr 5,6 Millionen Kinder geboren, während es 1980 nur 4,9 Millionen waren. Die Gesundung der Familie ist eine große Sache. Die Menschen sahen jetzt eine Perspektive, ihre Zuversicht hat zugenommen. Doch vor allem ist es zu einer moralischen Gesundung gekommen. Wir haben uns gründlich dem Gesundheitswesen in unserem Lande zugewendet. Die durchschnittliche Lebenserwartung der gesamten Bevölkerung unseres Landes hat sich um fast zwei Jahre erhöht, bei den Männern sogar um 2,6 Jahre.

Natürlich ist das alles andere als zufällig. Ich würde sogar so sagen: Darin liegt ein weiterer Beweis dafür, daß die ganze Gesellschaft aus der Stagnation herauskommt. Aber die positiven Tendenzen zeichnen sich erst ab.

## Besser Fehler machen, als nichts tun

Jetzt, da wir die ökonomischen Faktoren in Aktion setzen, die Offenheit und die Demokratie entwickeln, da die gesellschaftliche Intitiative mit allen Mitteln gefördert wird, bin ich der Ansicht, daß die positiven Prozesse zunehmen werden. Wir werden natürlich noch wiederholt so manche Krankheit überstehen müssen. Unsere Krankheiten werden nicht leicht sein, doch wir werden erstarken und noch sicherer vorwärts schreiten. Das Politbüro und die Regierung sind sich dessen absolut sicher, daß wir unbedingt weiter schreiten werden. Wenn wir jetzt in die überaus komplizierte Etappe der Umgestaltung eintreten, da viele neue Probleme uns förmlich überfluten, wollen wir nicht in Panik verfallen, wollen wir nicht nervös werden. Eventuell werden wir mancherorts sogar zurückweichen müssen, wenn es sich erweisen sollte, daß wir uns in etwas geirrt haben. Die Dinge, die wir anpacken, sind alles andere als einfach, und so wollen wir vor Fehlern keine Angst haben. Doch wir werden festen Schrittes den vorgemerkten Weg gehen.

Natürlich sollten wir weniger Fehler machen. Man meint, die wenigsten Fehler machen diejenigen, die nichts tun. Aber das Nichtstun, das ist doch der größte Fehler.

Ich möchte aufrichtig dafür danken, daß Sie unserer Aufforderung Folge geleistet haben, uns Ihre Meinungen über den Ablauf der Umgestaltung mitzuteilen. Ich stelle fest, daß bei uns große Übereinstimmung und großes Verständnis für die Verantwortung und die historische Bedeutung der Etappe herrschen, in die wir getreten sind. Und schon das allein ist, so möchte ich sagen, eine enorme Sache. Diese Erkenntnis muß in Taten, in Handlungen umgesetzt werden. Das zum einen.

Zum anderen. Alle begreifen sehr wohl, daß uns umfangreiche Arbeit bevorsteht. Und es wird sehr gut sein, wenn wir dies auch unserem Volk begreiflich machen. Im vergangenen Jahr ist es uns gelungen, vieles in dieser Richtung zu tun. Die Umgestaltung hatte eine Art Revolution der Erwartungen ins Leben gerufen. Doch ursprünglich waren es etwa folgende Erwartungen: Ein guter Mann werde kommen, alles werde wie von selbst laufen, und die Wohltaten werden einem wie

Manna vom Himmel in den Schoß fallen. Jetzt begreift das Volk bereits, daß wir einen keinesfalls leichten Weg zurückzulegen haben, bevor wir spürbare positive Resultate für die Gesellschaft, für jede Familie, für jeden Menschen sowohl in moralischer als auch in materieller Hinsicht erreichen werden.

## Die Erhaltung der neuen Atmosphäre im Land ist Voraussetzung für alles weitere

Alles, was wir uns vorgenommen haben, muß auf der Grundlage der Umgestaltung, auf der Grundlage neuer Betrachtungsweisen, auf der Grundlage der Erhaltung und Stärkung jener Atmosphäre getan werden, die sich in unserem Land herausgebildet hat. Es gilt, diese Erkenntnis auch weiterhin zu pflegen und zu stärken. Es gilt, den Geist des Volkes zu stärken, Genossen.

Und hier möchte ich es offen sagen: Die Menschen brauchen die Wahrheit. Wenn man ihnen die Wahrheit sagt, so werden sie, ungeachtet aller Schwierigkeiten, selbstlos alles geben. Wenn man sich jedoch anschickt, ihnen Lügen in rosaroter Verpackung aufzutischen, so bringt das Apathie hervor. Die Menschen sind sehr hellhörig, wenn es um eine gute Einstellung ihnen gegenüber geht, und in der Unwahrheit spüren sie Mißachtung. Unser Volk ist heute sehr gebildet und wissend, es ist wohl eines der Völker der Welt, die den höchsten Bildungs- und Wissensstand aufweisen. Es ist ausgeschlossen nicht nur für ein ehrliches Verdienst, sondern auch für eine gute Atmosphäre und eine achtungsvolle Einstellung ihm gegenüber, für Ruhm und Ehre als Anerkennung seiner gewissenhaften Arbeit.

## Nochmals: zu unserer Geschichte

Erinnert sei in diesem Zusammenhang an unsere Geschichte: Unser Volk war immer in hohem Maße zur Selbstaufopferung bereit. Das sollte nicht vergessen werden. Doch das darf auch nicht mißbraucht werden. Übrigens, zu unserer Geschichte. Hier wurden viele Fragen angeschnitten. Ich möchte nur einige von ihnen berühren. Die grundsätzliche Haltung zu Fragen unserer Geschichte ist in den Parteidokumenten formuliert worden, die zum 70. Jahrestag des Großen Oktober gehören. Auf ihrer Grundlage haben die Vertiefung unseres Verständnisses für die geschichtlichen Prozesse und ihr Überdenken zu erfolgen, einen Rummel darf es jedoch nicht geben. Und ich muß Ihnen sagen, daß die Kommission des ZK, die in Übereinstimmung mit den Beschlüssen des Oktober-Plenums des ZK der KPdSU (1987) zur Behandlung vieler überaus komplizierter Fragen unserer Geschichte gebildet worden ist, arbeitet. Einiges von dem, was auf der Grundlage ihrer ersten Arbeitsergebnisse zustandekommt, dürfte wohl schon vor der 19. Parteikonferenz veröffentlicht werden.

Auf einer der jüngsten Sitzungen des Politbüros wurde unter anderem die Frage erörtert, wie die »Abrisse zur Geschichte der KPdSU« beschaffen sein müssen. Dafür wird großes Interesse bekundet. Es kommt darauf an, daß die »Abrisse . . .« wahrheitsgetreu ausfallen. Ist doch ein wahres Wort über unsere Geschichte, Genossen, unser Gemeingut, unsere Stärke. Darum ist es eine anspruchsvolle Aufgabe, ein gutes, ein wahrheitsgetreues Buch zu verfassen, das ein Lehrbuch für Geschichte der KPdSU werden könnte. Wir sind der Ansicht, daß dieses Problem jetzt ohne Hilfe des ZK wohl kaum zu bewältigen ist. Es gilt, jetzt unser gesamtes Potential einzusetzen, damit wir mit dieser Aufgabe bestens fertig werden. Die Hauptarbeit haben natürlich die Wissenschaftler zu leisten, die über das erforderliche Wissen verfügen. Es kommt darauf an, ein gutes Autorenkollektiv zu bilden, dem schöpferisch denkende, prinzipienfeste und kompetente Menschen angehören. Jawohl, es muß ein Autorenkollektiv, doch allem Anschein nach auch eine Kommission des ZK der KPdSU geben.

Die Arbeit, die hier geleistet werden muß, ist umfangreich und verantwortungsvoll. Geht es doch um unsere Geschichte mit allem, was ihr innewohnt. Wir lernten, indem wir uns neue Werte in der Wirtschaft wie auch in der geistigen Kultur aneigneten, und wir bewegten uns auf dem Weg des Fortschritts vorwärts. Wir lernten, indem wir zwar Fehlkalkulationen zuließen und Fehler begingen, aber selbst aus den schweren, tragischen Perioden unserer Geschichte Lehren zogen. Für uns ist jedes Glattbügeln der Geschichte unannehmbar. Die Geschichte ist bereits vorhanden, und es kommt nur darauf an, sie wahrheitsgetreu aufzuzeigen. Es ist eine Sache unserer Ehrlichkeit, unseres Verantwortungsgefühls und der Wissenschaftlichkeit unseres Herangehens. Wir wissen alles nach Gebühr zu schätzen, was es an Großem in unserer Geschichte gegeben hat, und wir können jenen nicht vergeben, die sich Rechtswidrigkeiten und erst recht Verbrechen schuldig gemacht haben.

## Kein Grund, die Wurzeln unter uns abzuschlagen

Ich sehe keinen Grund dafür, daß wir die Wurzeln unter uns abschlagen. Es gibt nur eine Wahrheit. Wir können sie nicht nach Perioden einteilen. Unsere Geschichte hat stattgefunden, und es kommt darauf an, sie genau zu kennen und sie sich durch den Kopf gehen zu lassen.

Das ist eine überaus reiche Wissenschaft. Je mehr wir uns ihr zuwenden, desto mehr begreifen wir, was wir sowohl heute als auch morgen zu tun haben.

Wir kommen nur einmal auf diese Erde. Und die Einstellung dem Menschen, seinem Leben und seinem ganzen Werk gegenüber muß überaus ehrlich, überaus achtungsvoll sein, besonders wenn es um diejenigen geht, die an den jähen Wendepunkten unserer Geschichte die Hauptlast des Kampfes auf ihre Schultern genommen haben. Einem Menschen gegenüber darf keine Ungerechtigkeit, keine Mißachtung zugelassen werden, umd das gilt um so mehr, wenn es um eine ganze Generation geht. Das würde einem Verbrechen gleichkommen. Und wenn unsere Gesellschaftsordnung allen Prüfungen, die dem sowjetischen Volk zuteil geworden sind, auch denen, die uns alle wie Maschinenpistolengarben aus der Vergangenheit treffen, standgehalten hat, so heißt das, daß es eine stabile Ordnung ist, die vom Volk unterstützt wird, eine Ordnung, die wir wahrheitsgetreu in allen Etappen ihrer Entstehung und Entwicklung zeigen sollten.

Dazu bedarf es der Dialektik, man darf nicht von einem Extrem ins andere verfallen. Im Leben gibt es das nicht, alles läuft nebeneinander, in Auseinandersetzung und wechselseitiger Abhängigkeit ab. Es wäre überaus wünschenswert, uns einig in der Erkenntnis zu wissen, daß die eine Halbwahrheit nicht durch eine andere Halbwahrheit ersetzt werden darf. Alles dies ist unsere Geschichte, mit allen ihren Errungenschaften, Leistungen, Verlusten und Tragödien.

## Nicht die eine Halbwahrheit durch die andere ersetzen

Wir sind auf unsere Geschichte, auf jeden Tag dieser Geschichte stolz, weil selbst dann, als Menschen durch Ungerechtigkeit umkamen, Menschen, die unserem Vaterland zum Ruhm gereicht hatten, weil selbst in jener schweren Zeit die Arbeiter, die Bauern und die Intelligenz ihren Mann standen, das Leben voranbrachten und das Land zu neuen Höhen des Fortschritts aufsteigen ließen. Wenn wir daher von der Geschichte sprechen, so wollen wir keine Personen lobpreisen oder stürzen, sondern das Volk als die entscheidende Kraft in der Geschichte würdigen.

Die Dialektik, Genossen, mit der wir es hier zu tun haben, ist nicht einfach, aber man kann nur vorwärts schreiten, wenn man die Geschichte ehrlich analysiert und die Konsequenzen für unser Heute zieht. Zu Beginn unseres Treffens habe ich dieses Thema nur kurz angeschnitten. Sie sind darauf zu sprechen gekommen, und ich habe es für notwendig befunden, ein weiteres Mal das zu sagen, was unsere Geschichte betrifft.

Auf die aktuellen Aufgaben der Umgestaltung zurückgreifend, möchte ich ein weiteres Mal unterstreichen, daß es jetzt darauf ankommt, den Geist des Volkes zu stärken und dessen Kampf für die Umgestaltung zu unterstützen. Es gilt, die Umgestaltung in der realen Auseinandersetzung der gesellschaftlichen Kräfte aufzuzeigen. Die Menschen wollen Veränderungen, sie wollen sich an der Umgestaltung beteiligen, doch in vielen Fällen verstehen sie es einfach nicht, dies zu tun. Sie verstehen es nicht, das ist doch ein Unglück, Genossen! Und so gilt es, den Menschen zu helfen, die neuen Herangehensweisen zu meistern. Es gilt, sich auch den früheren Erfahrungen zuzuwenden, ihnen alles zu entnehmen, was auch heute unserer Sache einen guten Dienst erweisen kann. Wir müssen sozusagen nach der Methode der dialektischen Negation verfahren, nämlich all das Beste, all das Nützliche, alles, was sich einst bewährt und uns in allen Etappen gedient hat, zu akkumulieren. Und all das Alte, das sich überlebt hat, muß verworfen und Neues zugelegt werden. Das ist unsere Formel.

## Die Wahl ist getroffen

Die Führung der KPdSU setzt bei der Lösung neuer, großer Aufgaben der nächsten Etappe der Umgestaltung auch in die hier Anwesenden große Hoffnungen. Wollen wir sicheren und festen Schrittes vorwärts gehen, und haben Sie keine Zweifel dahingehend, daß wir bei der Politik der Umgestaltung unsere Positionen aufgeben könnten. Wir bekennen uns bis zuletzt zu dieser Politik. Die Wahl ist getroffen, wir werden in keiner Richtung davon abgehen. Aber es kommt, Genossen, darauf an, die ganze Gesellschaft, das ganze Land aufzubieten.

Viel Erfolg!

# Die revolutionäre Umgestaltung erfordert ideologische Erneuerung

*Rede des Generalsekretärs des ZK der KPdSU, Michail Gorbatschow, auf dem Plenum des ZK der KPdSU am 18. Februar 1988*

Unser Plenum findet in einer verantwortungsvollen Periode der Umgestaltung statt. Die Demokratisierung des gesellschaftlichen Lebens und die durchgreifende Wirtschaftsreform fordern von der Partei eine klare Handlungsperspektive. Eben davon läßt sich das Politbüro bei der Erarbeitung der Konzeption der 19. Parteikonferenz leiten. Sie muß in der strategischen Arbeit der Partei vieles bestimmen.

Aber von welchen Positionen wir an die Bestimmung der Entwicklungswege unserer Wirtschaft auch immer herangehen, der entscheidende Faktor wird stets der Mensch selbst, sein politisches und intellektuelles Antlitz, sein Können, sein Patriotismus und Internationalismus, seine kreativen Fähigkeiten, seine staatsbürgerliche Haltung und Aktivität sein. ( . . .)

*[An dieser Stelle sind die einführenden Aussagen, in denen Gorbatschow das Plenumsthema Bildungsreform streift, gekürzt. D. Hrsg.]*

Ich möchte auch diese Möglichkeit wahrnehmen, um präliminär einige Fragen aufzuwerfen, die man im Vorfeld der 19. Unionsparteikonferenz durchdenken und erörtern muß.

## Fragen, die schon beantwortet schienen, werden wiederum aktuell

Heute, da wir in die entscheidende Etappe des Kampfes für die Umsetzung der gefaßten Beschlüsse eingetreten sind, da die Politik zur Alltagspraxis gehört, da die Umgestaltung voll zum Zuge gekommen ist, tangiert sie immer tiefer die Lebensinteressen von Dutzenden Millionen Menschen, die ganze Gesellschaft. Und wiederum wurden Fragen aktuell, auf die, wie es schien, bereits Antworten gegeben worden waren. Die Menschen wollen sich über den Sinn der in der Gesellschaft begonnenen Wandlungen besser klarwerden und erkennen, worin das Wesen und die Vorausbestimmung der Umgestaltung besteht, was wir erstreben, welchen Zielen wir zustreben, was wir unter jener neuen Qualität der Gesellschaft verstehen, die wir erlangen wollen.

Dieser Wunsch ist durchaus natürlich: Wir begannen mit der Umgestaltung der Formen des gesellschaftlichen Lebens, beherrschen das Neue und verzichten auf entstandene Stereotypen. Die Wandlungen berühren das Bewußtsein und die Mentalität der Menschen, ihre Interessen sowie ihre Stellung in der Gesellschaft und den Arbeitskollektiven. Man muß gestehen, daß sich sogar viele anständige Menschen in der Vergangenheit an die Verletzungen und Mängel gewöhnten, ihnen gegenüber gleichgültig und sozial weniger aktiv wurden. Viele verstanden nicht gleich den Sinn der eingeleiteten Umgestaltung, erkannten nicht gleich, daß die Umgestaltung neue Ziele im Leben eröffnet, sie selbst höher stellt, daß sie ihrem materiellen und geistigen Interessen voll und ganz entspricht. Die Umgestaltung präsentiert jenen eine besondere Rechnung, die nicht von ihrer Arbeit, nicht nach ihrem Gewissen lebten und schlechte Leistungen erbrachten. Ich rede schon gar nicht von denen, die eindeutig gegen die Gesetze und die Moral der sozialistischen Gesellschaft verstoßen haben.

## Erstmals seit Jahrzehnten: sozialistischer Meinungspluralismus

Das ist, würde ich sagen, die nicht einfache politische und ideologische Situation, in der wir wirken müssen. Die Partei muß des öfteren im buchstäblichen Sinne des Wortes den Kampf für die Umgestaltung sowohl in der Produktion als auch in der geistigen Sphäre führen. Selbstverständlich nimmt dieser Kampf bei uns nicht die Form von Klassenantagonismen an. Aber wir sehen, Genossen, wie scharf er verläuft. Es finden heftige Diskussionen über jene Hemmnisse statt, auf die die Umgestaltung stößt. Die Menschen sind darüber beunruhigt, daß die bahnbrechenden Beschlüsse des Januar- und des Juni-Plenums des ZK der KPdSU langsam, unter Schwierigkeiten in die Tat umgesetzt werden. Zum ersten Mal im Laufe von vielen Jahrzehnten empfinden wir real einen sozialistischen Meinungspluralismus. Das ist ebenfalls ungewohnt und wird nicht eindeutig bewertet, muß studiert, analysiert, geklärt werden. Aber wir müssen dahinter die Hauptsache sehen – die wachsende Unterstützung der Politik der Umgestaltung durch das Volk.

Wir sagen, daß wir das unterstützen und unterstützen werden, was dem Sozialismus zum Nutzen gereicht, daß wir alles ablehnen und ablehnen werden, was die Interessen des Volkes beeinträchtigt. Wir sehen, daß in manchen Köpfen ein Tuhowabohu entstanden ist: Gehen wir nicht etwa von den Positionen des Sozialismus ab, insbesondere dann, wenn wir neue, ungewohnte Formen des Wirtschaftens und des gesellschaftlichen Lebens einführen, unterziehen wir die marxistisch-leninistische Lehre selbst nicht etwa einer Revision? Da nimmt es nicht wunder, daß sich auch schon »Anwälte« des Marxismus-Leninismus gefunden haben, Klageweiber um den Sozialismus, die meinen, der eine wie der andere sei in Gefahr.

## Weder Renovierung der Fassade – noch Totaldemontage des Systems

Woher kommt das? Was ist der Grund für solche Ängste? Ich glaube, es liegt daran, daß die Umgestaltung an sich nicht selten unterschiedlich aufgefaßt wird. Die einen betrachten sie als eine kosmetische Auffrischung, als eine Erneuerung der Fassade, eine gewisse »Nachregelung« des bestehenden Mechanismus, der wenigstens einigermaßen funktioniere, was aber aus dem neuen Mechanismus werde, wisse keiner. Die anderen verlangen eine totale Demontage des gesamten sozialistischen Systems, erklären, das Volk sei jahrzehntelang einen falschen Weg gegangen, der ins Nichts führt, negieren rundweg die Werte des Sozialismus, übernehmen Alternativen aus dem Arsenal des bürgerlichen Liberalismus und Nationalismus. Dritte wiederum begeistern sich für radikale Phrasen, fordern, die Etappen der sozialistischen Entwicklung zu überspringen, und ignorieren dabei die Logik der Umgestaltung.

Was ich sagte, ist keine Überspitzung, keine vorsätzliche Verschärfung des Problems. Das alles gibt es tatsächlich. Diese Situation erklärt sich durch die Dimensionen der

Umgestaltung, ihre Vertiefung, durch den Vorstoß zu neuen Positionen, da die Mehrheit erkannt hat, daß unsere Ziele und Pläne real, daß sie, mit Lenin gesprochen, »ernsthaft und auf lange Zeit« angelegt sind.

Wir müssen auch die immensen Schwierigkeiten in Rechnung stellen, mit denen die Umorientierung der Denkweise in den grundsätzlichen Fragen verbunden ist. Wir haben so etwas in unserer Geschichte schon einmal erlebt. Als Lenin seinen Plan über das Genossenschaftswesen erarbeitete, unterstrich er: » . . . wir müssen zugeben, daß sich unsere ganze Auffassung vom Sozialismus geändert hat.« Wir wissen aber, welche Anstrengungen die Partei hierfür unternehmen mußte. Einen Beweis dafür liefern Diskussionen aus jener Zeit. Es waren das Ansehen und das Genie Lenins erforderlich, damit die neue Einstellung zum Sozialismus von der Partei und dem Volk unterstützt wurde. Wir müssen die Lehren jener Zeit beherzigen. Das ist für uns lebensnotwendig.

Die Umgestaltung verpflichtet uns, einige, bereits gewohnte Kennwerte auf neue Art und Weise zu betrachten, nicht nur den zurückgelegten, sondern auch den künftigen Weg mit jenen Kriterien des Fortschritts, mit jenen Zielen des Aufbaus der neuen Gesellschaft zu vergleichen, die dic Klassiker des Marxismus-Leninismus formuliert haben. Anders gesagt, wir müssen die Richtungen unserer praktischen Handlungen mit den wichtigsten Anhaltspunkten vergleichen, auf die sich die Kommunisten bereits seit über 100 Jahren orientieren. Wir müssen nicht schlechthin die eingepaukten Wahrheiten eines Rituals wegen wiederholen, sondern selbst nach Antworten auf zahlreiche Fragen der gegenwärtigen Situation suchen.

Gerade deshalb, Genossen, gewinnen Probleme der ideologischen Tätigkeit, Fragen der Theorie des Sozialismus und der Umgestaltung eine derart große Tragweite. Man kann nicht sagen, daß die ideologischen und theoretischen Fragen außerhalb unseres Blickfelds geblieben sind. Sie finden weitgehend Ausdruck im Politischen Bericht des Zentralkomitees an den 27. Parteitag, in der Neufassung des Programms der KPdSU, in den Materialien der ZK-Plenen und einigen anderen Parteidokumenten. Ohne Stützung auf die Theorie, ohne ideologische Begründung wäre es nicht möglich gewesen, einmal die Aufgaben der Umgestaltung in der Wirtschaft, im politischen, sozialen und geistigen Bereich der Gesellschaft zu stellen.

## Nach dem 70. Jahrestag: neue Fragen, neue Forderungen

In den Dokumenten anläßlich des 70. Jahrestages der Großen Oktoberrevolution bemühten wir uns, den vom sowjetischen Volk zurückgelegten Weg objektiv und ausgewogen einzuschätzen, viele komplizierte Fragen zu beantworten, die die sowjetischen Menschen bewegen. Heute ist es aber – wir müssen das unterstreichen – dringend notwendig, an diese Fragen unter Berücksichtigung neuer Forderungen heranzugehen und sie gründlich durchzuarbeiten.

Eben die Partei muß, gewappnet mit wissenschaftlichen Kenntnissen über die Vergangenheit und die Gegenwart, über Tendenzen, die eine reale Entwicklungsperspektive haben, die Prozesse der Herausbildung des sozialistischen Bewußtseins in der Gesellschaft lenken. Eben die Partei kann und muß die neue Etappe des sozialistischen Aufbaus unter Berücksichtigung aller neuen Aspekte theoretisch beleuchten, die die Umgestaltung in diesen Aufbau hereinträgt. Wir müssen das auswählen, was dem Sozialismus wirklich dienlich ist und den Interessen seiner Entwicklung entspricht, und damit die ganze Gesellschaft wappnen; das wird uns den sozialistischen, nicht aber irgendwelchen fremden, »geborgten« Zielen näher bringen.

An die Notwendigkeit der Umgestaltung hat uns natürlich zuallererst das Streben herangeführt, die vordringlichen Probleme zu lösen, die durch die Stagnation der vorangegangenen Periode ausgelöst wurden. Aber je breiter sich die Umgestaltung entfaltet, desto verständlicher wird ihr allgemeiner Sinn und ihre schicksalsträchtige Bedeutung für den Sozialismus.

Heute hat sich das Verständnis durchgesetzt, daß die Umgestaltung eine objektiv notwenige Etappe in der Entwicklung der sowjetischen Gesellschaft ist, deren Wesen im Übergang zu einer qualitativ neuen Ebene besteht. Wir müssen radikale Wandlungen in den Produktivkräften und Produktionsverhältnissen, eine revolutionäre Erneuerung der gesellschaftlichen und der politischen Struktur, das Wachstum des geistigen, intellektuellen Potentials der Gesellschaft sichern. Wir bemühen uns, unter den gegenwärtigen Bedingungen die Leninsche Vision der neuen Gesellschaft wiederherzustellen, sie von Überlagerungen, Verformungen und all dem zu befreien, was die Gesellschaft hemmte und verhinderte, das Potential des Sozialismus in vollem Maße zu realisieren. Es gilt vor allem, der sozialistischen Gesellschaft unter Berücksichtigung aller Realitäten der gegenwärtigen Welt eine neue Qualität zu verleihen.

Das Wesen des Sozialismus besteht in der Durchsetzung der Macht der Werktätigen, der Priorität des Wohls des Menschen, der Arbeiterklasse, des ganzen Volkes. Letztendlich besteht die Aufgabe des Sozialismus darin, mit der sozialen Entfremdung des Menschen, die für die Ausbeutergesellschaft charakteristisch ist, mit der Entfremdung von der Macht, von den Produktionsmitteln, von den Ergebnissen seiner Arbeit, von geistigen Werten Schluß zu machen.

Die Oktoberrevolution hat den Weg zur Lösung dieser historischen Aufgabe geebnet. Zu grundsätzlichen Wendepunkten wurden die Errichtung der Macht der Werktätigen, die Aufhebung des Privateigentums an den Produktionsmitteln, die Beseitigung der Ausbeutung des Menschen durch den Menschen. Das sind grundlegende Errungenschaften des Sozialismus.

Im Laufe der gesamten 70 Jahre hat sich unsere Partei und unser Volk von den Ideen des Sozialismus inspirieren lassen und ihn aufgebaut. Aber aus äußeren und inneren Gründen waren wir nicht imstande, die Leninschen Prinzipien der neuen Gesellschaftsordnung in ausreichendem Maße zu realisieren. Ernstliche Behinderungen waren der Personenkult, das in den 30er Jahren entstandene administrative befehlsmäßige Leitungssystem, bürokratische, dogmatische und voluntaristische Entstellungen, Willkür, und Ende der 70er, bzw. Anfang der 80er Jahre Initiativlosigkeit und hemmende Erscheinungen, die zur Stagnation führten. Diese Erscheinung und das, was davon übriggeblieben ist und bis zu unserer Zeit überliefert wurde, müssen unwiderruflich in die Vergangenheit entrücken.

Hier ist auch die Antwort an diejenigen, die Zweifel äußern: Rücken wir etwa vom Sozialismus ab, von seinen fundamentalen Grundlagen, die von Generationen sowjetischer Menschen geschaffen wurden? Nein, vom Sozialismus, vom Marxismus-Leninismus, von allem, was vom

Volk errungen und geschaffen wurde, rücken wir nicht ab. Aber das dogmatische, bürokratische und voluntaristische Erbe lehnen wir entschieden ab, denn es hat weder mit Marxismus-Leninismus noch mit echtem Sozialismus etwas gemein.

## Ein freier Wettbewerb der Geister ist notwendig

Schöpferischer Marxismus-Leninismus – das ist stets eine objektive tiefschürfende wissenschaftliche Analyse der lebendigen in Entwicklung stehenden Wirklichkeit, eine kritische Analyse, die sich von nichts abwendet, nichts verheimlicht, keine Wahrheit fürchtet. Nur eine solche Analyse arbeitet für den Sozialismus. Für die wirklich wissenschaftliche Forschung gibt es und kann es keine Beschränkungen geben. Fragen der Theorie können und dürfen nicht durch irgendwelche Verordnungen gelöst werden. Es ist ein freier Wettbewerb der Geister notwendig. Für unser gesellschaftliches Denken wird es nur ein Gewinn sein, es wird seine prognostische Stärke und folglich seine Fähigkeit mehren, als zuverlässige Grundlage für die Ausarbeitung der Parteipolitik zu dienen.

Marxismus-Leninismus ist die wissenschaftliche Basis des parteilichen Herangehens an die Erkenntnis der gesellschaftlichen Entwicklung, an die Praxis des kommunistischen Aufbaus. Eines Herangehens, dem seinem Wesen nach Humanismus der Ziele, schöpferisches Prinzip, Objektivität und Ehrlichkeit bei der Beurteilung der Wirklichkeit, hohe Anforderungen an sich selbst und selbstkritische Einstellung eigen sind. Wir wollen unsere Errungenschaften und angesammelten Probleme gründlich studieren und gedanklich verarbeiten, Lehren für die Arbeit unter Bedingungen der Umgestaltung und der Erneuerung der sowjetischen Gesellschaft ziehen. Gerade aus diesem Grunde richten wir unsere Blicke so unverwandt auf unsere sowjetische Vergangenheit, gerade deshalb bewegen uns Fragen der Geschichte so sehr.

Was meinen wir, wenn wir von der Abfassung einer authentischen objektiven Geschichte der Partei und der sowjetischen Gesellschaft sprechen? Es kommt nicht darauf an, lediglich die einen oder anderen Namen zu nennen, denjenigen, die unverdienterweise vergessen wurden, Gerechtigkeit widerfahren zu lassen, obwohl es ein wichtiger, nicht wegzudenkender, ich würde sagen, menschlicher Teil dieser gewaltigen Arbeit ist. Es kommt darauf an, eine wahrheitsgetreue und vollständige Geschichte zu verfassen, die die Geschichte des Lebens und des Kampfes des Volkes wäre. Das ist die Kernfrage der marxistisch-leninistischen Methodologie der Geschichtsforschung.

Und folgen wir ihr, so muß deutlich gezeigt werden, wie Millionen Menschen lebten und arbeiteten, woran sie glaubten, wie sich Siege mit Mißerfolgen, Entdeckungen mit Fehlern, das Lichte mit dem Tragischen, revolutionärer Elan der Massen mit Verletzungen der sozialistischen Gesetzlichkeit und manchmal auch mit Verbrechen verknüpften. Eben das wird eine wissenschaftliche, materialistische Betrachtung der Geschichte als eines Resultats des Wirkens der Volksmassen sein. Eben das wird eine dialektische Auffassung von der Geschichte sein, welcher Einseitigkeit wesensfremd ist, und die die Geschichte in ihrer ganzen Mannigfaltigkeit, Kompliziertheit und Widersprüchlichkeit betrachtet, ohne einzelne Aspekte zu übertreiben und herauszustreichen.

Das marxistisch-leninistische Verhalten zu der Analyse der Geschichte der Gesellschaft setzt eine beharrliche, anstrengende und kritische Denkarbeit voraus. Das erfordert Zeit, Talent und Verantwortlichkeit. Man kann die Ungeduld der Öffentlichkeit verstehen, den Wunsch, sich so schnell wie möglich verschlossene Seiten unserer Vergangenheit anzusehen. Dennoch kann es keine Rechtfertigung für unüberlegte Statements, für irgendwelche übereilten Urteile sein, die lediglich zu oberflächlichen Schlußfolgerungen führen, in denen die vollzogenen Prozesse in ihrer ganzen Kompliziertheit keinen Niederschlag finden. Es ist unzulässig, der breiten Öffentlichkeit statt tatsächlich wissenschaftlicher Studien konjunkturbedingte Imitationen anzubieten, die die Wahrheit eher verdunkeln als beleuchten. So etwas müssen wir loswerden.

Im Zentralkomitee und in Redaktionen der Massenmedien treffen viele Briefe von Menschen ein, welche über die in der jüngsten Zeit erschienenen einseitigen, subjektivistischen Einschätzungen unserer Geschichte besorgt sind. Über Ereignisse, die ein halbes Jahrhundert zurückliegen, schreiben die Menschen so inbrünstig und leidenschaftlich, als seien es heutige Probleme. Und das ist gar nicht erstaunlich. Es handelt sich um das Wichtigste für uns – um das Verhalten zum Sozialismus, um die Auffassung vom Sozialismus, darum, wie es passieren konnte, daß neben den Heldentaten des Volkes Verbrechen gegen das Volk möglich wurden.

## Zwischen Wesen und Deformationen des Sozialismus unterscheiden

Was läßt sich zu dieser für uns alle schwierigen Frage sagen? Man muß unterscheiden zwischen wesenseigenen Erscheinungen des Sozialismus und seinen Deformationen, zwischen dem, was durch objektive Gründe bedingt ist, und dem, was durch den subjektiven Faktor verursacht wurde. Zu unserem großen Bedauern wurde gleich nach dem 20. Parteitag der KPdSU von diesem Standpunkt keine beweiskräftige Erforschung unserer Geschichte zu Ende geführt. Später versuchte man, diese schwierigen Fragen überhaupt zu umgehen. Aber im ideologischen Leben gibt es keine Leere. Sie wird entweder durch primitive Ammenmärchen oder überhaupt durch fremde Ideologie ausgefüllt. Heute besteht das Wichtigste darin, Bedingungen für ruhige, objektive Arbeit zu schaffen und die Publizität dieser Arbeit zu sichern, die neben anderem zu aktiver Mitwirkung des Volkes an der Erörterung von Fragen unserer Geschichte und folglich zu seiner Erziehung, zur Bildung des richtigen historischen Bewußtseins beiträgt.

Genosse, ich möchte noch einmal hervorheben, daß der Rückgriff auf die Geschichte nicht einfach durch das Interesse für die Vergangenheit diktiert wird. Er ist lebensnotwendig für unsere heutige Arbeit, für die Lösung von Aufgaben der Umgestaltung. Wir haben die Losung »Mehr Sozialismus!« ausgegeben und müssen uns klarmachen, welche Werte und Prinzipien heute als tatsächlich sozialistisch gelten dürfen.

Für die Erneuerung des Sozialismus werden neue historische Maßstäbe gesetzt. Folglich wird alles erneuert, sowohl die Praxis als auch die Theorie. Die Umgestaltung ist ein Ergebnis unserer ganzen bisherigen sozialökonomischen und geistigen Entwicklung und zugleich einer Art Phase »der Negation der Negation«, in der wir uns von allem befreien, was sich in eine Bremse verwandelt hat. Die Umgestaltung ist, wenn wir ihre geistigen Dimensionen nehmen, der entscheidende Versuch, in jedermanns Augen die gewaltige Bedeutung der sozialistischen Werte wiederherzustellen, von denen der wichtigste die Orientierung auf den schaffenden Menschen ist. Man muß von den Werten und Idealen des Sozialismus den Rost des Bürokratismus entfernen, ihn von all dem Unmenschlichen säubern, wodurch man diese Ideale und Werte zu ersetzen versuchte, die besten schöpferischen Kräfte des Menschen freisetzen, die geistige Blüte der Persönlichkeit sichern.

## Auf der Grundlage der Mannigfaltigkeit ...

Die Umgestaltung offeriert der Gesellschaft Ideen, die dazu angetan sind, die Menschen nicht durch Ausrichtung wie für eine Parade, sondern auf Grundlage der Mannigfaltigkeit menschlicher Potenzen, Bestrebungen, Interessen und Möglichkeiten zu vereinigen und zusammenzuscharen. Die Umgestaltung rechnet mit dem Wissen, dem Verstand und den Erfahrungen eines jeden Menschen, mit den besten menschlichen Eigenschaften. Sie bietet maximale Möglichkeiten, um die Menschen durch das Leben, durch persönliche Erfahrungen der Mitwirkung an gesellschaftlichen Umwandlungen zu erziehen. Aber sie bietet nicht nur diese Möglichkeiten, sondern erfordert auch, daß sie real, in der Tat genutzt werden. Darin liegt eigentlich der Sinn der Umgestaltung.

Wie stehen jetzt die Dinge in dieser ihrer Hauptrichtung? Die Menschen erlernen die praktische Ökonomie, lernen Demokratie und Publizität. Sie lernen es nicht passiv, sondern indem sie sich real an der Meisterung neuer Methoden der Wirtschaftsführung beteiligen. Auf Parteiversammlungen, durch Diskussionen und Meinungsstreit in den Massenmedien sowie durch eigene Erfahrung begreifen die Menschen, was Umgestaltung ist, welche Handlungen sie von ihnen selbst angesichts jener konkreten Bedingungen, unter denen sie leben und arbeiten, erfordert.

Das Leben selbst stellt den Menschen ständig vor Entscheidungen. Welche Formen sind zu wählen, um die Arbeit der Brigade, der Werkabteilung, des ganzen Betriebskollektivs zu organisieren? Wir soll die Arbeit entlohnt, wer zum Leiter gewählt, wem und was anvertraut werden? Auf welche Art sind die Beziehungen mit den Zuliefererbetrieben zu gestalten? Wie soll man zu den neuen Erscheinungen im gesellschaftlichen Leben, in der Literatur und Kunst stehen? Wie sich zu den alten Erscheinungen, bei denen heute ungewohnte Aspekte beleuchtet werden, verhalten? Es ergeben sich manche Fragen dieser Art, und sie entstehen täglich. Die Notwendigkeit, eine Wahl zu treffen, regt heute die Aktivität, die Selbständigkeit des Menschen, seiner Urteile und Handlungen an. Möge es hier vorderhand manches Fragwürdige und Fremde geben. Die gesunde Grundlage, die gerechte Lösung schmerzlicher Fragen, das normale, mit den Grundsätzen des Sozialismus im Einklang stehende Alltagsleben werden das ihre tun.

## Nur durch Demokratisierung und Glasnost läßt sich die tiefverwurzelte Teilnahmslosigkeit überwinden

Das Wichtigste, Genossen, ist Demokratisierung. Es ist das entscheidende Mittel, um die Ziele der Umgestaltung zu erreichen. Demokratisierung entspricht dem Wesen der

Leninschen Konzeption des Sozialismus. Sie gestattet unserer Gesellschaft, jene Ideale zu erreichen, um derentwillen die Oktoberrevolution vollbracht wurde. Es ist notwendig, daß in der ganzen Partei die klare Einsicht besteht, daß nur durch Demokratisierung der menschliche Faktor in vollem Umfang in die tiefgreifenden Umwandlungen aller Lebensaspekte der Gesellschaft, in reale Prozesse der Verwaltung und Selbstverwaltung eingeschaltet werden kann. Nur durch Demokratisierung und Offenheit kann man der tiefverwurzelten Teilnahmslosigkeit ein Ende setzen und der sozialpolitischen Aktivität der Werktätigen einen mächtigen Anstoß geben. Nur durch ihre engagierte und bewußte Mitwirkung an allen Angelegenheiten der Gesellschaft ist die Verwirklichung der humanistischen Ziele des Sozialismus möglich.

Wir sind uns jetzt voll bewußt, wie viel wir in der Vergangenheit dadurch verloren haben, daß wir weder in der Theorie noch in der Praxis die Leninschen Ideen, Vorhaben und praktischen Empfehlungen, die sich auf die sozialistische sowjetische Demokratie bezogen, in ihrer ganzen Fruchtbarkeit begriffen hatten. Das, Genossen, muß unterstrichen werden. Weil man noch heute Leuten begegnet, die es schaudert, wenn sie die Ausmaße der Demokratisierungsprozesse sehen. Der eine und andere wurde nervös und mahnt uns, Demokratie könne zum Chaos ausarten. Aber schauen Sie doch, worüber sich diese Leute aufregen. Keineswegs über die Probleme, die für die Gesellschaft lebenswichtig sind. Sie sorgen sich eher um ihre eigennützigen Interessen. Für Parteifunktionäre, besonders für Führungskader, ist das eine vollkommen unannehmbare Haltung.

Die Partei muß ebenso wie in den anderen Angelegenheiten ein Beispiel der Demokratie zeigen. Hierüber spreche ich nicht von ungefähr. Wir sehen, mit welcher Mühe einer der alten, tiefverwurzelten Mängel – die Anhänglichkeit vieler Parteikomitees und ihres Apparats an Befehlsmethoden, das Streben, allen zu diktieren und für alle zu entscheiden – überwunden wird. Was hierfür nur nicht alles in Bewegung gesetzt wird! In manchen Parteiorganen hat man beispielsweise einen solchen Gefallen an Selektorberatungen gefunden, daß man mitunter bis zu 40 derartige Beratungen im Monat durchführt, um 23 Uhr abend endet die eine, und schon um 8 Uhr früh beginnt die neue. Und das jeden Tag. Das taugt zu nichts. Die Mitarbeiter der Rayonkomitees sagen mit bitterer Ironie, es fehle nur noch eine Fernsehbrücke »Gebietskomitee – Rayonkomitee«, damit man sehen könne, ob der 1. Sekretär des Rayonkomitees stramm steht und Männchen baut.

## Die Sucht, alles unter Kontrolle haben zu wollen

Noch immer gibt es zahlreiche Versuche, Glasnost und Demokratie in einem bequemen Rahmen zu halten, die Presse ans Gängelband zu nehmen und, ohne die Meinung der Öffentlichkeit zu berücksichtigen, vorzugehen! An dem einen Ort quetscht man den »Unruhestifter« an die Wand, der es gewagt hatte, gegen Morast, Mißwirtschaft und Machtmißbrauch anzugehen. An einem anderen werden die Rechte der Kolchosebauern geschmälert. An einem dritten verwandelt man die Wahlen des Leiters in eine Farce. An einem vierten ignoriert man die Meinung der Menschen und faßt Beschlüsse, die im Widerspruch zu deren Lebensinteressen und Rechten stehen. Zweifellos wirkt sich hier die im Verlauf vieler Jahre bei einem bedeutenden Teil unserer Kader entwickelte Gewohnheit aus, alle »in der Gewalt zu haben«, in allen Angelegenheiten die höchste Instanz zu sein und mit den Methoden des Drucks zu agieren. Im Grunde genommen erkennen sie andere Methoden überhaupt nicht an. Die wachsende Aktivität der Menschen erschreckt sie geradezu.

Es muß jedoch eindeutig begriffen werden, daß die Partei in der neuen Etappe der Umgestaltung nur dann die führende, die Vorhutrolle gewährleisten und die Massen für tiefgreifende Veränderungen inspirieren kann, wenn sie demokratische Arbeitsmethoden nutzt. Wir haben viel verloren und tun das auch weiterhin dadurch, daß wir es nicht verstanden haben, die Initiative, das Schöpfertum und die Selbständigkeit der Menschen im vollem Maße von den Fesseln zu befreien. Gerade hierin besteht die größte, die schwerste, aber auch die wichtigste Aufgabe der Umgestaltung. Von ihrer Lösung hängt heute, ohne zu übertreiben, alles ab.

Ohne Initiative und ohne schöpferische Menschen ist keinerlei Vorwärtsbewegung möglich. Um so mehr trifft das auf revolutionäre Veränderungen zu. Ich sage das, weil man es in der Praxis nicht selten mit einer negativen Reaktion auf Initiative, mit deren Ablehnung zu tun hat. Dabei versucht man in vielen Fällen nicht einmal, sich über das Wesen der Sache Klarheit zu verschaffen, sondern sucht absichtlich nach Vorwänden, um den Initiator zurechtzuweisen. Das ist vorläufig eine recht verbreitete Erscheinung. Mit einem solchen Stand der Dinge können wir uns nicht abfinden. Ansonsten wird die Umgestaltung nicht vorankommen. Wir müssen das alles begreifen und auf jede Art und Weise zur Entwicklung der Initiative in der Gesellschaft beitragen. Heute gibt es bei uns Zehntausende Neuerer, kühne, suchende, initiativreiche Menschen, die das Neue nicht fürchten. Es ist notwendig, daß es morgen bereits Hunderttausende davon gibt, übermorgen aber Millionen.

Der Sozialismus ist eine Gesellschaft von initiativreichen Menschen. Zugleich ist der Sozialismus selbst die größte Initiative in der Geschichte. Kurz gesagt, die Initiative ist kein Hindernis, keine Unbequemlichkeit des Lebens, keine Kampagne, sondern eine unerläßliche, die wichtigste Bedingung des Fortschritts.

## Massenmedien und Demokratisierung

Bei der Entfaltung der Prozesse der Demokratisierung und der Publizität kommt den Massenmedien sowie der gesamten Parteipropaganda und -agitation eine gewaltige Rolle zu. Offen gesagt, Genossen, schätzen wir die Ergebnisse jener großen Tätigkeit, die die zahlreiche Armee unserer Propagandisten, Lektoren und Mitarbeiter auf dem Gebiet der Ideologie leistet, als noch irgendwie kärglich, mitunter mehr als bescheiden ein. Durch ihr Wort aber erringen die Ideen der Partei, die Ideen der Erneuerung der Gesellschaft Verstand und Herz der Menschen.

Ich muß sagen, daß unsere Zeitungen, gesellschaftspolitischen und Literaturmagazine, das Fernsehen, der Rundfunk, die Lektorenpropaganda, die direkten Begegnungen mit den Schrittmachern, mit den »Managern« der Umgestaltung nicht wenig für die Schaffung einer neuen Atmosphäre, für die Befreiung des Verstandes, die Weckung des Interesses für alle Aspekte der Umgestaltung und die Akkumulierung der verschiedenartigen Meinungen getan haben und tun.

Die Presse und das Fernsehen richten den Scheinwerfer

der Publizität auf jene, die sich bewußt oder aus Unüberlegtheit und Unfähigkeit widersetzen und die Umgestaltung stören. Sie unterstützen die Enthusiasten, verbreiten deren Erfahrungen, verteidigen jene vor Ungerechtigkeit, die sich mit ganzem Herzen der Arbeit auf neue Art gewidmet haben, die keine Angst haben, bei einer großen Sache einen Fehler zu begehen, ein Risiko einzugehen, die sich persönlich dafür verantwortlich fühlen, daß die Umgestaltung an Tempo gewinnt.

Ich habe bei Treffen im ZK der KPdSU bereits über unsere positive Einstellung zu einer solchen Arbeit der Massenmedien gesprochen. Das bedeutet selbstverständlich nicht, daß hier alles in Ordnung ist. Den Massenmedien mangelt es mitunter am Können, die ganze Kompliziertheit und die Neuartigkeit der durch die Partei und das Volk zu lösenden Aufgaben zu zeigen. In den Zeitschriften und Zeitungen kommt es mitunter auch zu Störungen: Sie können nicht immer der Sensationshascherei widerstehen, teilweise werden oberflächliche Einschätzungen der Ereignisse der Gegenwart und der Vergangenheit gegeben, es treten Elemente der Cliquenbildung in Erscheinung. Obwohl es jetzt schon mehr sind, reichen aber vorläufig die Materialien über die Erfahrungen der Umgestaltung in den Arbeitskollektiven, Städten und Rayons, Gebieten und Republiken sowie im Zentrum bei weitem noch nicht aus. Natürlich vollzieht sich ein komplizierter Prozeß, er verläuft schwer, es wird ständig experimentiert. Wir werden jedoch die Umgestaltung fest und entschlossen voranbringen sowie ihre Probleme und positiven Ergebnisse analysieren. Hierauf müssen auch die Massenmedien ihre Aufmerksamkeit richten.

## Juristischer Nihilismus, übermäßiger Zentralismus, Befehlsmethoden

Der Prozeß der Demokratisierung stellt die Frage der Einhaltung der Gesetze in unserer Gesellschaft mit aller Schärfe. Der juristische Nihilismus, gegen den Lenin so unerbittlich kämpfte, erwies sich unter den Bedingungen der Anwendung von Befehlsmethoden als überaus verbreitet. Vertragen sich doch der übermäßige Zentralismus und das Administrieren einerseits und Lokalpatriotismus andererseits überhaupt schlecht mit der Gesetzlichkeit. Zu ihnen paßt mehr die Psychologie des Stschedrinschen Stadthauptmanns, der lange den Gesetzentwurf »über die Nichtbeschränkung der Stadthauptleute durch die Gesetze« durchdachte.

Die Umgestaltung errichtet ein mächtiges demokratisches Hindernis auf dem Wege einer solchen schrankenlosen Eigenmächtigkeit und administrativer Versuchungen. Sie zwingt alle Organe und alle Kader, ihre Handlungen ständig am Gesetz zu messen. Viele sind das nicht gewöhnt. Sie werden sich jedoch daran gewöhnen müssen. Wir müssen unbeirrbar die Linie auf Festigung der juristischen Hebel der Umgestaltung verfolgen und vor allem das Gesetz über den staatlichen Betrieb und die anderen Gesetzesakte der Wirtschaftsreform vor der Aushöhlung durch alle möglichen ressortgebundenen Instruktionen und Anweisungen schützen.

Die Linie auf die weitere Vertiefung der Demokratisierung der Gesellschaft setzt die konsequente Festigung der sozialistischen Gesetzlichkeit voraus. Die Macht des Volkes – das ist der volle und ungeteilte Triumph der Gesetze, die seinen Willen zum Ausdruck bringen. Deshalb möchte ich die auf dem Plenum geäußerte Idee der Organisierung einer allgemeinen juristischen Ausbildung als einheitliches, komplexes gesamtstaatliches Programm, das alle Bevölkerungsschichten, alle unsere Kader im Zentrum und an der Basis erfaßt, entschieden unterstützen.

Im Allgemeinen, Genossen, sind wir uns selbst anscheinend noch nicht völlig darüber im klaren, wie weitgehende Folgen die Demokratisierungsprozesse haben und haben werden, wie sie die Fragen neu stellen, die die Tätigkeit der Partei und des Staates, die Arbeit der Kader, das Leben und die Arbeit aller Bürger unseres Landes betreffen. Die Nichtanerkennung oder Unterschätzung der notwendigen entschlossenen Demokratisierung der sozialistischen Gesellschaft stellen nichts anderes dar als mangelnden Glauben an das Volk und seine Treue zum Sozialismus.

Die revolutionären Umgestaltungen berühren unweigerlich auch Fragen der Kultur und des geistigen Lebens der Gesellschaft tief.

Es war erfreulich, gestern und heute in den Diskussionen zu hören, wie umfassend und interessiert die Genossen diese Frage stellten. Die Sorge um die Erhöhung der allgemeinen Kultur des Volkes wurde auf unserem Plenum sehr deutlich hörbar. Die Redner sprachen davon sowohl im Zusammenhang mit der Aufteilung der Zeit für die verschiedenen Unterrichtsfächer als auch im Zusammenhang mit der Notwendigkeit, die Qualität der Ober- und Hochschulbildung zu erhöhen, und im Zusammenhang mit den Belangen des modernen technischen Fortschritts. Behandelt wurde auch die Rolle, die heute die Literatur, die Kunst, überhaupt das künsterlische Schaffen spielen müssen, sowie die Kultur im Alltagsleben und schließlich im Zusammenhang mit den Aufgaben der Parteiarbeit. Eine solche Fragestellung ist legitim, denn der kühne, furchtlose Umgang mit den Menschen und die Bereitschaft, jegliche Probleme zu erörtern und zusammen mit ihnen zu lösen, ist auch ein Zeichen für die Kultur des Leiters eines beliebigen Ranges. Die Redner auf dem Plenum sagten, ohne Kultur könne es keine Demokratie geben. Dem ist wirklich so.

Besonders wesentlich ist, daß die Genossen das Problem der Kultur mit den Beziehungen zwischen den Nationen und mit der Erziehung der jungen Generation zum Internationalismus verbunden haben.

Bereits im Vorfeld der Großen Oktoberrevolution wurde klar erkannt, daß es ohne die Kultur, außerhalb der Kultur keinen Sozialismus geben werde. Die Verwirklichung des Leninschen Programms der Kulturrevolution brachte unsere Gesellschaft auf die nie dagewesenen Höhen des kulturellen Fortschritts, wurde zu dessen wichtigster Voraussetzung.

## Marxismus und Weltkultur

Jetzt, da wir die Aufgaben der Umgestaltung, der Erneuerung der sozialistischen Gesellschaft und der umfassenden Entwicklung der Demokratie lösen, werden wir im Bereich der geistigen Kultur mit weitgehend neuen Problemen konfrontiert. Das Neue ergibt sich aus unserer derzeitigen Hinwendung zum Menschen, zu seinem realen Antlitz, seinem Potential und seinen Bedürfnissen. Denn der Mensch lebt nicht vom Brot allein, und ebenso wenig von modernen materiellen Gütern. Viel mehr machen Wahrheit und Gewissen, Gerechtigkeit und Freiheit, Moral und Humanismus seine Lebensinhalte aus. Auch die moderne Entwicklungsetappe des Sozialismus stellt neue Aufgaben in der Kultur: Schon jetzt ist klar, daß mit seiner Erneuerung die

Anziehungskraft der sozialistischen Werte weltweit erneut zunimmt und sie von den zerstörerischen Folgen der Stagnation, der Selbstgefälligkeit und geistigen Verknöcherung befreit werden. Auf neue Art werden diese Aufgaben auch von der heutigen Welt formuliert – einer Welt mit einer einmaligen Intensität gegenseitiger Kontakte, des Zusammenwirkens, des Austauschens in Wissenschaft, Kultur und im Bereich der Information; eine Welt der täglichen harten Auseinandersetzungen, des Widerstreits, aber auch der gegenseitigen Bereicherung mit fortschrittlichen, gesamtmenschlichen Werten.

Eine alte Wahrheit lautet: Nur auf dem gut gepflegten Boden der Kultur entsteht eine neue kulturelle Schicht. Der Marxismus selbst erwuchs entlang den Meilensteinen der Weltkultur. Der Bolschewismus nahm die fortschrittlichen humanistischen Traditionen der großen russischen Kultur in sich auf. Der Reichtum und der Humanismus der »alten« Kultur (und wir wissen, wie hoch Lenin sie einschätzte) wurden zum größten Beitrag zur Weltzivilisation. Gerade anhand dieser großen Kultur waren Menschen erzogen worden, die sich an die Spitze unserer Großen Revolution stellten. Und heute müssen wir kühn und tatkräftig unter Nutzung und in Entwicklung des von unseren Vorgängern geschaffenen geistigen Reichtums die kulturelle Schicht der Umgestaltung vergrößern und erweitern.

Anders gesagt, auch heute hat die Leninsche Aufgabenstellung, sich »durch eine genaue Kenntnis der durch die gesamte Entwicklung der Menschheit geschaffenen Kultur« zu bereichern, nicht an Bedeutung eingebüßt. Darin offenbart sich die reale Dialektik des Klassenmäßigen und des Gesamtmenschlichen unter den heutigen konkreten Bedingungen.

Eine der Hauptlehren, die wir aus der Vergangenheit ziehen müssen, besteht in folgendem: Wenn wir schon auf die befehlsmäßig-administrativen Methoden in der Wirtschaft entschlossen verzichten, sind derartige Methoden im geistigen Fortschritt der Gesellschaft um so unannehmbarer. Demokratie, Vertrauen zu den Menschen, Toleranz gegenüber Ungewohntem und Experimenten, Kompetenz, Wohlwollen, Förderung der Initiative und des Neuerertums, Unterstützung der Talente – das sind die Schlüsselprinzipien der Parteiarbeit in den Fragen der Kultur, in der geistigen Sphäre der Umgestaltung.

Die Partei nahm unbeirrt Kurs auf die sorgfältige, kompetente und weitblickende Einstellung zu jenen Prozessen, die in der geistigen Sphäre unserer Gesellschaft vor sich gehen, die zu ihrer Reinigung und Bereicherung, zum Wachstum ihrer moralischen Kraft und des Aufbaupotentials beitragen.

Es geht nicht darum, die Prozesse in dieser Sphäre dem Selbstlauf zu überlassen, hier Erscheinungen zu dulden, die mit unserer Ideologie und Moral unvereinbar sind. Eine solche Fragestellung ist für uns unannehmbar. Die Interessen des Volkes, die Interessen des Sozialismus – das sind die Orientierungspunkte der Umgestaltung, darunter auch in der geistigen Sphäre.

## Initiative und Selbständigkeit der Menschen stimulieren

Die Aufgaben der Umgestaltung müssen so gelöst werden, daß wir die Initiative und die Selbständigkeit der Menschen maximal stimulieren, ihre Passivität, ihre staatsbürgerliche Farblosigkeit, die Apathie und die Unselbständigkeit des

Denkens – diese direkten Auswüchse des bürokratischen Leitungsstils – überwinden. Man muß sehen: Bremskräfte gibt es auch im geistigen Bereich. Hier sind sie vielleicht noch stärker als in jedem anderen.

Ja, für manch einen ist es leichter, einfacher, gewohnter, sich treiben zu lassen. Es gibt aber auch solche, die unmäßig hohe Erwartungen hegen, die Veränderungen auf Anhieb herbeiführen möchten. Es gibt aber keine Wunder. Unsere Aufgaben sind groß und kompliziert. Die Umgestaltung bedeutet Arbeit, Arbeit und noch einmal Arbeit. Beharrlich, kühn und Tag für Tag. Das zu erkennen, sich der Verantwortung für den Erfolg der Umgestaltung bewußt zu werden, bedeutet, auch im geistigen Bereich einen Schritt vorwärts zu tun. Die sowjetischen Menschen, die sowjetische Intelligenz verstehen das, bekräftigen ihre Anteilnahme, ihre Unterstützung der Ziele der Partei durch Taten.

Wir erkennen und würdigen den Beitrag der Intelligenz zur Umgestaltung, zur Beschleunigung des wissenschaftlich-technischen Fortschritts, zum ideologisch-theoretischen Erfassen unserer Zeit, zur Weiterentwicklung des gesellschaftlichen Bewußtseins des Landes, zur künstlerischen Widerspiegelung der Pläne, Ideen, Gefühle und Bestrebungen der sowjetischen Menschen in all ihrer Vielfalt. Ich bin sicher, wir werden noch alle solche Werke erleben, die unserer stürmischen Zeit Ehre machen.

Das einmalige Merkmal unserer Kultur ist deren multinationaler Charakter. Wir haben uns an dieses Stichwort schon gewöhnt, aber es anscheinend noch nicht richtig zu schätzen gelernt. Die Völker der UdSSR verbindet ein gemeinsames historisches Schicksal. Es bildet die Grundlage unserer brüderlichen Verbundenheit und Verwandschaft, die sich unter schwersten Prüfungen bewährt hat. Der Urquell unserer

Kraft ist die ungehinderte Entfaltung der einzelnen Nationalkulturen, bereichert durch die geistigen Erfahrungen der Brudervölker und der gesamten Menschheit.

Wahrer Internationalismus und wahre Völkerfreundschaft sind lediglich unter hoher Beachtung der Würde, Ehre, Kultur, Sprache und Geschichte jedes Volkes, bei breiten gegenseitigen Kontakten möglich. Wir müssen auf jede Art und Weise zum weiteren Ausbau der Kontakte zwischen den nationalen Kulturen, zu ihrer gegenseitigen Bereicherung, zu ihrem Aufstieg und Gedeihen beitragen.

Der sowjetische Patriotismus gehört zu unseren größten Werten. Er ist mit jeglichen Erscheinungsformen von Nationalismus und Chauvinismus unvereinbar. Der Nationalismus ist in allen seinen Ausprägungen blind. Versuche zur Selbstisolierung enden stets in einer geistigen Sackgasse. Die Kenntnis und die Einsicht in die Maßstäbe, die Größe und das menschlich Konkrete der sozialistischen Revolution, die volle Wahrheit und die Heroik des Kampfes der Partei und des Volkes für den Sozialismus, für den Schutz des sozialistischen Vaterlandes nähren das Wurzelwerk des sowjetischen Patriotismus. Und hier kommen wir zu einer sehr wichtigen Frage: den Nationalstolz und den nationalen Reichtum jedes Volkes über die Revolution und die Sowjetmacht mit dem Internationalismus der sozialistischen Gesellschaft zu vereinen.

## Ein Plenum zur Nationalitätenpolitik

Mit einem Wort, wir müssen uns in der gegenwärtigen Etappe mit der Nationalitätenpolitik sehr gründlich befassen. In allen Richtungen – sowohl in der Theorie als auch in der Praxis. Das ist die grundsätzlichste vitalste Frage unserer Gesellschaft. Ich glaube, wir sollten ein Plenum des Zentralkomitees den Problemen der Nationalitätenpolitik widmen.

Ich möchte jene Genossen beipflichten, die auf dem Plenum davon sprachen, daß es unzulässig ist, mit Fragen der Kultur und Ideologie zu jonglieren. Wir müssen uns auch im geistigen Bereich, vielleicht sogar in stärkerem Maße als in anderen, von unseren marxistisch-leninistischen Prinzipien leiten lassen. Unter keinem Vorwand dürfen wir unsere Prinzipien aufgeben, Genossen. Laut Lenin ist eine prinzipienfeste Politik die richtigste.

Genossen! Die durchgreifende Wirtschaftsreform hat uns vor viele neue, darunter auch ideologische, Probleme gestellt, die ein Studium und eine Lösung verlangen. Heute können wir sagen, daß sie voll zum Zuge kommt, praktisch alle Sphären der Volkswirtschaft erfaßt. Es begann die weitgehende Beherrschung neuer Methoden der Planung, der Selbstfinanzierung, der Selbstverwaltung und der Entlohnung. Die organisatorischen Verwaltungsstrukturen werden umgestaltet. Die neue Situation in der Wirtschaft besteht auch darin, daß in verschiedenen Zweigen die Kooperation und die individuelle Erwerbstätigkeit an Kraft gewinnen. Im Grunde genommen bildet sich auf der neuen Grundlage ein kooperativer Sektor der sozialistischen Wirtschaft heraus.

Das alles verändert sowohl die Verwaltungsprinzipien und die Wirtschaftsführung als auch die Organisation des gesamten Systems der Wirtschaftsbeziehungen wesentlich. Jetzt kann man sich nicht mehr, sozusagen, auf die Wohltätigkeit des Staates verlassen. Es gilt, vor allem auf die eigenen Kräfte, die Suche nach effektiveren wirtschaftlichen Lösungen, die umfassende Einführung der Leistungen des wissenschaftlich-technischen Fortschritts, die hohe Qualifikation und die Fachkenntnisse der Kader und die Initiative der Werktätigen zu rechnen. Wir, Genossen, sind Zeugen, wie sich die Einstellung der Menschen zur Sache ändert. Immer klarer erkennen sie den Wert der verfügbaren Arbeitskräfte und der materiellen Ressourcen, sehen ein, daß man ohne ihre sparsame und effektive Nutzung keine hohen Endergebnisse erzielen kann. Die Menschen beginnen zu verstehen, daß sich heute die neuen Aufgaben mit alten Verhaltensweisen und der alten Einstellung zur Erfüllung ihrer Pflichten nicht bewältigen lassen.

Natürlich nehmen wir die Einführung der wirtschaftlichen Rechnungsführung erst in Angriff. Ihr System wird vervollkommnet. Es stehen der Übergang zum Großhandel mit Produktionsmitteln, die Entwicklung direkter Beziehungen und der Kooperation, eine Reform der Preisbildung bevor. Das alles werden wir erledigen, beherrschen und verankern müssen. Aber die Einführung der wirtschaftlichen Rechnungsführung brachte sogar in ihrer heutigen Form bereits eine Reihe von Problemen hervor und tut das weiter, stößt auf Hindernisse und verdeutlicht verschiedene Seiten des noch nicht endgültig überwundenen Bremsmechanismus.

## Das Festhalten am Alten ist derart stark . . .

Wir haben die Hauptfragen der Reform anscheinend geklärt, haben das Gesetz über den staatlichen Betrieb erarbeitet, in der Volksaussprache erörtert und dann verabschiedet. Jetzt muß man handeln, ohne im geringsten von dem abzuweichen, was dort fixiert ist. Aber im Leben stoßen wir zunächst darauf, daß man sowohl im Zentrum als auch an der Basis auf alte Weise vorgeht und versucht, die Volkswirtschaft mit alten Methoden zu betreiben.

Im Zentrum klammert man sich immer noch an Gesamtkennziffern, kommt das Administrieren durch die staatlichen Aufträge zum Vorschein und werden Versuche unternommen, die ökonomischen Methoden des Wirtschaftens in verschleierte Befehlsformen umzuwandeln. Es gibt Beweise dafür, daß Aufträge in Verletzung des Gesetzes über den staatlichen Betrieb, ohne der Meinung der Arbeitskollektive Rechnung zu tragen, ohne die gebührende Verbindung mit der Ressourcenbasis und den Produktionskapazitäten erteilt werden.

Auf der Ebene der Betriebe trat zutage, daß viele nicht zur Arbeit unter den Verhältnissen der wirtschaftlichen Rechnungsführung bereit waren. Große Möglichkeiten und umfassende Rechte werden vorerst unzureichend genutzt. Viele Wirtschaftskader warten ab, hoffen auf irgendetwas, schalten sich nur langsam in die Arbeit zur Beherrschung der neuen Methoden der Wirtschaftsführung ein. Das Festhalten am Alten ist derart stark, daß selbst wenn die Möglichkeit besteht, durch die erhöhte Herstellung gefragter Erzeugnisse höhere Einkünfte zu erhalten, man nicht darauf eingeht und das ruhige Leben einem größeren materiellen Wohlstand vorzieht. Möglicherweise ist das darauf zurückzuführen, daß es in einer Reihe von Fällen um die ökonomischen Normative nicht sehr gut bestellt ist. Aber die Hauptursache liegt dennoch in der entstandenen Mentalität, der Rückversicherung und mitunter auch in der Inkompetenz.

## Die Mentalität der Rückversicherung

Natürlich, Genossen, kann man all diese Erscheinungen in bestimmtem Maße verstehen. Denn der reale Prozeß der Überführung der Betriebe auf die wirtschaftliche Rechnungsführung hat erst begonnen. Das kann man verstehen, aber zugleich muß man wahrscheinlich auch rechtzeitig davor warnen, daß die Dinge, wenn wir diese Geisteshaltung nicht überwinden, die Einstellung zu neuen Methoden der Wirtschaftsführung nicht einschneidend verändern, nicht so laufen werden, wie sie sollen.

Zahlreiche Probleme entstanden auch durch die Entwicklung der kooperativen Bewegung, der individuellen Erwerbstätigkeit, des kollektiven, des Familien- und anderer Arten des Leistungsvertrags. Da in dieser großen Sache nicht alles glatt abläuft, kommt es mitunter auch zu Übergriffen, bald hier und bald dort werden Fragen über die Rechtmäßigkeit der Anwendung dieser Wirtschaftsform aufgeworfen, oft wird dieser wichtige sozialökonomische Prozeß künstlich gehemmt.

Was muß hier gesagt werden? Wir müssen ruhig und sachlich Erfahrungen sammeln und spekulative Bestrebungen eindämmen, indem wir vor allem ökonomische und Besteuerungsmethoden sowie schließlich Glasnost anwenden. Hier gilt nur ein Prinzip – das sozialistische: Das Einkommen der Kooperative und einzelner Menschen muß erarbeitet und wie überall durch die Quantität und Qualität der Arbeit bestimmt sein.

Ernsthafte Wandlungen vollziehen sich auch bei der Vervollkommnung der organisatorischen Leitungsstrukturen. Sie sind durchweg spruchreif und notwendig, da sie auf die Überwindung der administrativen Befehlsmethoden der

Wirtschaftsleitung abzielen. Aber auch hier werden die alten Verhaltensweisen auf Ebene der Gebiete, der Republiken und auf Unionsebene nicht kampflos aufgegeben.

Das alles, Genossen, schafft eine komplizierte Situation, heizt die brodelnden Leidenschaften, den Meinungskampf an und verursacht, deutlich gesagt, gewisse Spannungen sowohl in der Produktion als auch im ideologischen Bereich. Die einen akzeptieren die vor sich gehenden Wandlungen voll und ganz und wenden die neuen Wirtschaftsmethoden überzeugt an, stützen sich auf die Initiative der Menschen, ihren Unternehmungsgeist, leisten ihren schöpferischen Beitrag zur Reform. Die anderen möchten scheinbar nicht abseits von der allgemeinen Bewegung stehen, lassen aber die Sache – gelinde gesagt – auf eine Imitation hinauslaufen, begnügen sich mit Halbherzigkeiten, was keinesfalls gerechtfertigt werden darf. Und natürlich muß man bedenken, daß es Menschen gibt, die eigentlich gegen die Reform sind, die Einführung neuer ökonomischer Wirtschaftsmethoden sabotieren, sie auf jede Art und Weise in Verruf zu bringen suchen, wobei sie sich auf objektive Gründe, ja manchmal auch auf die Meinung der Werktätigen berufen.

## Wirtschaftsreform: Vorstoß zu den Spitzen des sozialökonomischen Fortschritts

Was kann man in diesem Zusammenhang sagen? Wir haben die Verwirklichung der radikalen Wirtschaftsreform als die höchste politische Aufgabe gestellt. Von ihrer erfolgreichen Lösung hängt der Vorstoß des Landes zu den Spitzen des sozialökonomischen Fortschritts ab. Hier darf es keinen Rückzug geben. Wir haben eigentlich auch keinen Raum für einen Rückzug. Hier müssen alle tatkräftig und zielstrebig handeln. Man darf nicht zulassen, daß wir auf halbem Wege oder gar an seinem Anfang stehen bleiben. Man muß vorwärts gehen. Ausgehend davon muß man auch die Haltung aller Behörden, der Partei-, Staats- und Wirtschaftskader und, wenn Sie so wollen, auch die der Arbeitskollektive einschätzen.

Ich möchte diese Frage breiter stellen. Die Wirtschaftsreform ist ja ein unabdingbarer Aspekt der Umgestaltung, der Erneuerung des Sozialismus als Gesellschaftssystem, sie muß ihm modernere und dynamischere Formen verleihen. Sie muß erforderliche Voraussetzungen und mächtige Stimuli für den wissenschaftlich-technischen Fortschritt schaffen, die Möglichkeiten der planmäßigen Wirtschaftsführung mit persönlichen Interessen, der Initiative, dem Unternehmungsgeist der Menschen verbinden, dem gesellschaftlichen Eigentum, den Methoden der Wirtschaftsführung und den Leitungsmethoden solche Formen verleihen, bei denen sich der Mensch tatsächlich als wahrer Eigentümer in der Produktion fühlt.

Die wissenschaftliche Analyse und auch die praktischen Erfahrungen haben uns zu der festen Überzeugung gelangen lassen, daß alle diese Aufgaben in ihrer organischen Wechselseitigkeit und in ihrer Gesamtheit durch die Umstellung der Betriebe auf die Prinzipien der wirtschaftlichen Rechnungsführung, der Kostendeckung, der Selbstfinanzierung und Selbstverwaltung erfolgreich gelöst werden können. Das ist ein Weg zur Harmonisierung der Interessen der Gesellschaft, des Kollektivs und der Persönlichkeit, auf dem die Befriedigung der gesellschaftlichen Bedürfnisse garantiert und zugleich die Interessiertheit der Werktätigen an den Endergebnissen der Produktion gesichert wird. Das ist ein

Weg zur Beseitigung der Gleichmacherei, des Schmarotzertums, die uns so großen Schaden zugefügt haben. Das ist ein Weg zur schnellstmöglichen Lösung sozialer Probleme, was wiederum einzelne Menschen und ganze Kollektive direkt berührt, die Festigung der Disziplin und Steigerung der Effiziens fördert. Das ist eine reale ökonomische Grundlage für die Vertiefung der Demokratie, die Mitbestimmung der Werktätigen, für die Überwindung der Enfremdung der Menschen vom ökonomischen Prozeß und seinen Ergebnissen.

## Soziale Gerechtigkeit und Leistungsprinzip

In der Etappe einer breiten Entfaltung der Wirtschaftsreform hat die Frage der sozialen Gerechtigkeit weiter an Relevanz gewonnen. Es scheint, daß dieses Problem hinlänglich geklärt ist – man muß strikt das Grundprinzip des Sozialismus »Jeder nach seinen Fähigkeiten, jedem nach seiner Leistung« einhalten. Das stimmt alles. In der Praxis aber, ja – geben wir es zu – auch in unseren Vorstellungen, haben wir uns von der Mentalität der Gleichmacherei durchaus nicht befreit.

Es ist wohl ein offenes Geheimnis, daß viele auch heute noch ihr Gehalt nur dafür erhalten, daß sie an ihrem Arbeitsplatz erscheinen, und den Posten ohne Rücksicht auf ihre reale Leistung bekleiden. Das Frappierendste ist, daß das kaum jemanden kümmert. Sobald aber die Mitglieder der Belegschaften, die nach dem Rentabilitätsprinzip arbeiten, eine Lohnsteigerung durch höhere Endergebnisse ihrer Arbeit erzielt haben, werden sofort Proteste, gereizte Stimmen laut: Die verdienen zu viel. Die Frage kann aber im

Sozialismus nur so gestellt werden: nicht »viel« oder »wenig«, sondern »erarbeitet« oder »nicht erarbeitet«. Etwas anderes ist, daß die Einschätzung der Quantität und der Qualität der Arbeit auf wissenschaftlich begründeten, praktisch erprobten Kriterien beruhen muß.

Im Allgemeinen müssen wir uns, Genossen, gründlich mit der Beseitigung gleichmacherischer Verhaltensweisen beschäftigen. Das ist ein überaus wichtiges soziales, ökonomisches und ideologisches Problem. Im Grunde genommen übt die Gleichmacherei einen zerstörerischen Einfluß nicht nur auf die Wirtschaft, sondern auch auf die Moral, auf die ganze Denk- und Handlungsweise der Menschen aus. Sie vermindert das Ansehen der gewissenhaften und kreativen Arbeit, schwächt die Disziplin, unterdrückt das Interesse an der Weiterqualifizierung, ist ein Schlag gegen den Wettbewerb, die Rivalität in der Arbeit. Wir müssen unumwunden sagen, daß die Gleichmacherei ein Ausdruck kleinbürgerlicher Ansichten ist, die mit dem Marxismus-Leninimus, mit den wissenschaftlichen Sozialismus nichts gemein haben. Wir können nicht vorankommen, können die Aufgaben der Umgestaltung nicht bewältigen, wenn wir die gleichmacherischen Ansichten nicht überall dort ausmerzen, wo sie immer noch vorhanden sind.

## Der Grad sozialer Geborgenheit hängt von der wirtschaftlichen Leistungsfähigkeit ab

Es stimmt, der Sozialismus ist eine Gesellschaft sozialer Garantien, die den Menschen in den Schwierigkeiten und Unbilden des Lebens nicht im Stich läßt. Die soziale Geborgenheit der sowjetischen Menschen basiert auf der Beseitigung des Privateigentums und der Ausbeutung, auf der Macht der Werktätigen. Das Prinzip der sozialen Geborgenheit des Menschen ist in unseren Gesetzen verankert und durch die langjährige Praxis bekräftigt worden. Im Lande wurden die wichtigsten sozialen Garantien – das Recht auf Wohnraun, Arbeitsversorgung, unentgeltiche Bildung und medizinische Betreuung geschaffen.

Ungeachtet aller Mängel und Lücken in diesem Bereich ist die grundsätzliche Bedeutung dieser Errungenschaften unbestreitbar. Der Stand der sozialen Geborgenheit in der Gesellschaft hängt jedoch von der Größe des Nationalreichtums ab, und dieser wieder von der richtigen und konsequenten Anwendung des Prinzips des Sozialismus »Jeder nach seinen Fähigkeiten, jedem nach seiner Leistung«. Gemäß diesem Prinzip sind der Wohlstand, die Lebensbedingungen des Menschen unmittelbar von der Anwendung seiner Fähigkeiten, seines Talents, von seinem Beitrag zur allgemeinen Sache abhängig. Das ist die Grundlage der Vitalität des Sozialismus. Abhängig eben vom Talent und dem konkreten Beitrag jedes Werktätigen zum gesellschaftlichen Reichtum des Landes. Zugleich müssen wir jegliche Erscheinungen der Raffgier entschlossen unterbinden, wo auch immer sie auftreten. Nur eine ehrliche und gewissenhafte Arbeit im Rahmen unserer Gesetze und bestehenden Normen kann materiell hoch entlohnt und von der Gesellschaft anerkannt werden.

Genossen! Wir haben große Pläne im Bereich der Wirtschaftsentwicklung. Sie sind euch bekannt. Während wir uns aber voll der Entfaltung dieser großangelegten Arbeit widmen, dürfen wir uns nicht von den alltäglichen Sorgen und Bedürfnissen des Volkes lösen.

## Erst jetzt setzt ein Wirtschaftswachstum auf gesunder Grundlage ein

Ich möchte daran erinnern, daß wir unter dem Druck akuter, lebenswichtiger Probleme mit der Umgestaltung begannen. Ich mußte schon mehrmals auf die Einschätzung der Situation zurückkommen, die sich in unserem Lande Anfang der 80er Jahre entwickelt hatte. Ich möchte noch einige Gedanken hinzufügen. Die Zuwachsraten der Wirtschaftsentwicklung gingen bei uns zurück und sanken auf den kritischen Punkt. Aber auch diese Zuwachsraten wurden, wie jetzt klar ist, in beträchtlichem Maße auf ungesunder Grundlage, unter Ausnutzung konjunkturbedingter Faktoren erreicht. Ich meine die Erdöllieferungen auf den Weltmarkt zu den damaligen hohen Preisen und den keineswegs begründeten verstärkten Alkoholverkauf. Wenn wir die wirtschaftlichen Wachstumsziffern vom Einfluß dieser Faktoren säubern, ergibt sich, daß wir im Verlaufe von praktisch vier Planjahrfünften keinen absoluten Zuwachs des Nationaleinkommens hatten, der sich Anfang der 80er Jahre sogar zu verringern begann. So sieht es real aus, Genossen! Und erst jetzt setzt ein Wirtschaftswachstum auf gesunder Grundlage ein.

Die Folgen der in der Vergangenheit entstandenden Situation werden von uns weiterhin schmerzlich empfunden. Jetzt, da sich die Konjunktur auf dem Weltmarkt geändert hat und die Preise für Brennstoffe und Energieträger gesunken sind, da wir gezwungen sind, um die soziale Gesundheit der Bevölkerung zu wahren, die Produktion und den Verkauf von Weinen und Spirituosen zu drosseln, wurde die Wirtschaft unseres Landes mit einem schwerwiegenden Finanzproblem konfrontiert. Infolge der Verringerung des

Spirituosenverkaufs hatte der Staat in den letzten drei Jahren einen Einnahmeausfall in Höhe von mehr als 37 Milliarden Rubel. Außerdem verringerten sich 1987 gegenüber dem Jahr 1985 um 9 Milliarden Rubel die Einnahmen aus dem Absatz von Importwaren, deren Einkauf wir wegen Devisemangel beschränken mußten.

Die entstandene Lage erfordert von uns gleichzeitig in zwei Bereichen gewaltige, ich würde sagen, außergewöhnliche Anstrengungen: sowohl bei der Verwirklichung der radikalen Wirtschaftsreform, bei der Befriedigung unerläßlicher Bedürfnisse unseres Volkes.

Auf dem Juni-Plenum des ZK sonderten wir, wie Sie sich erinnern, aus dem ganzen Problemkreis die vorrangigen Probleme aus: das Lebensmittel-, das Wohnungsproblem und das Problem der Versorgung der Bevölkerung mit den notwendigen Waren und Dienstleistungen. Wie werden nun unsere Beschlüsse im Ausmaß des ganzen Landes, der Republiken, Regionen und Gebiete durch praktische Taten untermauert? Das, Genossen, muß die Partei, muß das Volk wissen.

## Lebensmittelversorgung

Zunächst über Lebensmittel. In den zwei Jahren des 12. Planjahrfünfts nahmen die Bruttogetreideernten um 17 Prozent zu. Die Produktion von Fleisch ist gegenüber der durchschnittlichen Jahresproduktion im elften Planjahrfünft um 2,1 Millionen Tonnen oder um 13 Prozent, von Milch um 8,2 Millionen Tonnen oder um 9,4 Prozent gewachsen. Wie Sie sehen, liegt eine Steigerung vor. Dadurch wurde eine gewisse Verbesserung der Lebensmittelversorgung gesichert. Und das trotz des verringerten Imports dieser Lebensmittel wegen des Rückgangs unserer Deviseneinnahmen. Dennoch sind wir mit dem Zustand der Lebensmittelressourcen unzufrieden und müssen sie beharrlich aufstokken. Hier sind große Reserven vorhanden, die jedoch unterschiedlich genutzt werden.

Einerseits gibt es eine Reihe von Republiken und Gebieten, in denen in den letzten Jahren die Agrarproduktion beträchtlich gewachsen ist. Die Landwirtschaft des Gebiets Orjol blieb beispielsweise noch vor kurzem in ihrer Entwicklung weit zurück. In der jüngsten Zeit vollzieht sich dort aber eine Wende zum Besseren. Viel Aufmerksamkeit schenkte man in den Agrarbetrieben dieses Gebiets der Anwendung wirksamer Formen der Arbeitsorganisation und der Entlohnung. So gut wie der ganze Pflanzenbau ist durch verschiedene Arten des Leistungsvertrags – kollektive, individuelle, Pacht- oder Familienverträge – erfaßt. Auch in der Viehwirtschaft steht der Übergang zu Vertragsformen der Arbeit kurz vor dem Abschluß. Größere Beachtung als früher wird der sozialen Entwicklung der Dörfer geschenkt. Im vergangenen Jahr wurden auf Gebietsebene in den zurückgebliebenen Wirtschaftsbetrieben im Durchschnitt je 50 bis 100 Wohnungen, je 40 neue Plätze in den Schulen und 43 in den vorschulischen Einrichtungen ihrer Bestimmung übergeben. Das hatte eine bessere Sicherstellung von Arbeitskräften für das Dorf zur Folge und schuf günstige Bedingungen für eine Erhöhung der Produktivität des Ackerbaus und der Viehwirtschaft. Im Ergebnis stiegen 1986–1987 die Bruttoproduktion der Landwirtschaft gegenüber dem durchschnittlichen Jahresstand im vorigen Planjahrfünft um 18 und die Arbeitsproduktivität um 27 Prozent. Durch Überbietung der Planziele nahm in den letzten zwei Jahren der Verkauf von Fleisch für die örtliche Versorgung um 33 und von Molkereierzeugnissen um 17 Prozent zu. Die Bevölkerung spürte real die Ergebnisse der laufenden Umgestaltung.

Leider wird bei weitem nicht überall auf diese Art gearbeitet. In Armenien, den Gebieten Nowosibirsk, Woronesh, Jaroslawl, Kirowograd, Kostroma und Rostow bleiben die Ergiebigkeit der Felder und Farmen sowie der Nutzeffekt der Wirtschaftsführung weiterhin gering. Wegen des Rückstands in der Milchviehhaltung wurde man dort nicht einmal mit den planmäßigen Milchlieferungen für die örtliche Versorgung fertig. Das gleiche ereignete sich bei der Fleischversorgung in Aserbaidshan, Georgien, Usbekistan, der ASSR der Tschetschenen und Inguschen, den Gebieten Odessa und Tschardshou.

Damit sich die Situation ändert, muß man mit aller Entschiedenheit das Schmarotzertum, das Bestreben zahlreicher örtlicher Führungskader überwinden, Fragen der Lebensmittelversorgung durch immer neue Eingaben an die Zentrale zu lösen. Was ist hier am wichtigsten? Man muß aufhören, zu administrieren, die Kolchosen und Sowchosen herumzukommandieren. Es gilt, der initiativreichen, unternehmungslustigen Tätigkeit der Werktätigen des Agrarsektors freie Bahn zu brechen, alle wirksamen Formen der Arbeitsorganisation und der Entlohnung, den Kollektiv-, Pacht- und Familienvertrag innerhalb der Kolchosen und Sowchosen sowie neue Verhaltensweisen im Rahmen der Rayons-Agrar-Industrie-Vereinigungen tatkräftig zu nutzen.

## Wohnungsbau

Über den Wohnungsbau und einige Fragen der Entwicklung des sozialen Bereichs. Wie Sie wissen, werden Maßnahmen zur beschleunigten Lösung der auf diesem Gebiet stehenden Aufgaben ergriffen. Die ersten Arbeitsergebnisse sehen folgendermaßen aus: 1987 wurden durch Finanzierung aus allen Quellen ca. 130 Millionen Quadratmeter Wohnraum errichtet. Das sind fast 2,5 Millionen Quadratmeter mehr als eingeplant und 19 Millionen Quadratmeter mehr als 1986. Es ist auch mehr als in jedem früheren Jahr. Allein im vergangenen Jahr nahm die Fertigstellung von allgemeinbildenden Schulen um 18 Prozent, Berufsschulen um 61 Prozent, Polikliniken um 17 Prozent, Klubs und Kluturhäusern um 36 Prozent zu.

Ich sprach schon gelegentlich darüber, wie in der Kasachischen SSR beim Wohnungsbau nach neuen Lösungen gesucht wird und wie sie gefunden werden. Auch im vergangenen Jahr haben die Bauschaffenden Kasachstans ganze Arbeit geleistet: Den Jahresplan erfüllten sie zum 70. Jahrestag des Großen Oktober. Im Ergebnis wurde jeder fünften auf der Warteliste stehenden Familie eine Wohnung zugewiesen. Solche Erfolge ermöglichen die Lösung einer neuen Aufgabe: bis 1991 allen Werktätigen der Republik, die vor Januar 1987 als Wohnungsbedürftige erfaßt waren, eine Wohnung zuzuweisen.

Mannigfaltige Arbeit zur Entwicklung der sozialen Sphäre wird in Estland geleistet. Dort werden von Jahr zu Jahr die vorgemerkten Pläne beständig erfüllt und wurde in unserem Lande der höchste Grad der Versorgung mit Wohnraum erreicht, wozu in mancher Hinsicht die sinnvolle Mobilisierung der Geldmittel der Bevölkerung beiträgt. Planmäßig wird noch eine wichtige Aufgabe gelöst: Jeder Agrarbetrieb soll eine modern ausgestattete Schule, Kinderkombination, Klub, Gaststätte haben. Ich möchte besonders hervorheben, daß die estnischen Bauschaffenden sich bei ihren Erfolgen auf die vorrangige Entwicklung der eigenen materiell-technischen Basis stützen.

Auf dem Juni-Plenum des ZK wurden, wie erinnerlich, leitende Funktionäre vieler Republiken und Gebiete wegen der Rückstände im Wohnungsbau scharfer Kritik unterzogen. Derartige Erscheinungen gibt es auch heute noch. Schleppend wird der Bau von Wohnhäusern und sozialen Einrichtungen in Tadshikistan und in mehreren Regionen der Russischen Föderation, besonders in den Gebieten Gorki, Nowosibirsk, Pensa, Rjasan, Tschita und in Dagestan betrieben.

Was ist los? Welche sind die Hauptgründe des Rückstandes? Ziehen wir in Betracht, daß die Ausgangsbedingungen bei so gut wie allen die gleichen sind, so muß man die Antwort auf diese Frage vor allem in Rückfällen in eine alte Krankheit suchen: in der Diskrepanz zwischen Wort und Tat. Überall werden ganz gute Programme entworfen, aber bei weiten nicht überall wird ihre Verwirklichung durch die erforderliche organisatiorische und wirtschaftliche Arbeit gesichert.

## Individueller Wohnungsbau, Kredite für Einfamilienhäuser

Vor einigen Tagen prüfte und billigte das Politbüro einen Beschluß des ZK der KPdSU und des Ministerrates der UdSSR zur Entwicklung des individuellen Wohnungsbaus in Städten und ländlichen Gegenden. Durch die vorgesehenen Maßnahmen werden die früher eingeführten unberechtigten Beschränkungen aufgehoben und günstige Bedingungen für die Kreditsicherung und den Bau von Einfamilienhäusern geschaffen. Das soll die Realisierung unser Sozialprogramme wesentlich unterstützten. Nun kommt es auf die örtlichen Organe an, die den individuellen Auftraggebern die erforderliche Aufmerksamkeit schenken und nötige Hilfe leisten müssen.

Im Allgemeinen, Genossen, werden, wie Sie sehen, mannigfache Maßnahmen ergriffen, und heute muß man davon tatkräftigen Gebrauch machen, um das Wohnungsproblem rascher zu lösen, den sowjetischen Menschen bessere Lebensbedingungen zu schaffen. Wollen wir also, Genossen, bei der Beurteilung kompromißlos sein: Planrückstände im Wohnungsbau und beim Bau von sozialen und kulturellen Einrichtungen sind unverzeihlich und können durch nichts gerechtfertigt werden. Verstöße gegen die Planauflagen müssen überall publik gemacht werden, und die an Verstößen gegen das wichtige Sozialprogramm Schuldigen müssen sich vor den Werktätigen verantworten.

## Konsumgüterproduktion und Dienstleistungen

Besorgniserregend ist die Situation bei der Warenherstellung und den Dienstleistungen für die Bevölkerung. Maßnahmen zu beschleunigter Entwicklung der Konsumgüterproduktion zeitigen bestimmte Ergebnisse. In den letzten zwei Jahren nahm die Produktion von Industriegütern für die Bevölkerung um 16,5 Milliarden Rubel oder um 9,4 Prozent zu, darunter in der Leichtindustrie um 3,3 Milliarden Rubel oder um 4 Prozent. Dennoch bleibt die Lage auf dem Verbrauchermarkt gespannt und die kaufkräftige Nachfrage der

Bevölkerung unbefriedigt. Im vergangenen Jahr produzierte die Industrie für das Volk für 3,6 Milliarden Rubel weniger Erzeugnisse, als geplant war. Großen Lieferausfall gab es dabei in Betrieben der Unionsministerien, besonders bei Erzeugnissen mit modernem technischem Niveau, die bei der Bevölkerung sehr gefragt sind. Praktisch haben sich in bezug auf die Qualität der Konsumgüter keine spürbaren Veränderungen zum Besseren vollzogen. Besonders langsam entwickelt sich die materiell-technische Sicherstellung der Dienstleistungssphäre.

Die grundlegende Umgestaltung der Wirtschaftsleitung des Landes entbindet die Zweigministerien nicht der Verantwortung, verlagert aber den Schwerpunkt der praktischen Arbeit zur Befriedigung der Bedürfnisse an Waren und Dienstleistungen sowie zur Gewährleistung der Ausbilanziertheit der Geldeinnahmen und -ausgaben der Bevölkerung auf die Republiks-, Regions- und Gebietsebene, Versuche, unter allen möglichen Vorwänden der Teilnahme an der Lösung dieser lebenswichtigen Probleme aus dem Wege zu gehen, müssen scharf kritisiert werden.

## Wie vollkommen ist der neue Wirtschaftsmechanismus?

Offensichtlich müssen wir uns auch über folgendes Gedanken machen: Wie vollkommen ist der von uns beschlossene Wirtschaftsmechanismus der Stimulierung der Arbeitskollektive und Zweige bei der Erhöhung der Konsumgüterproduktion? Um so mehr, als die Versuche, das Problem der Quantität und der Qualität der Waren und Dienstleistungen nur mit administrativen Methoden zu lösen, bis jetzt wenig effektiv waren. Wir brauchen hier keine Angst zu haben, gemachte Fehler zuzugeben. Im Gegenteil, je schneller sie bemerkt und korrigiert werden, um so besser ist es, um so schneller gelangen wir zu konkreten Ergebnissen. Nur eine Forderung muß unverändert bleiben: Die Probleme müssen schnell gelöst und dürfen nicht auf die »lange Bank« geschoben werden.

Vielleicht wird der eine oder andere, wenn er diesen Teil der Rede hört, fragen: Was hat das aber eigentlich mit den ideologischen Aspekten der Umgestaltung zu tun? Meiner Meinung nach besteht hier eine direkte Verbindung, denn davon, wie diese Aufgaben gelöst werden, hängt in starkem Maße das Befinden und das Bewußtsein unserer Menschen, deren Stimmung und Einstellung zur Sache, zur Politik der Partei, zur Umgestaltung ab.

Genossen! Unsere Wirtschaftsreform, die Entwicklung des Demokratisierungsprozesses und der Publizität, die geistig-moralische Erneuerung, das heißt alles, was wir mit dem Begriff der revolutionären Umgestaltung verbinden – das sind Glieder einer Kette. Diese greifen eng und wechselseitig ineinander und das verlangt von uns, daß wir, wenn wir die Umgestaltung an einem begonnen haben, sie an den anderen fortsetzen.

## Wir müssen jetzt unser politisches System umgestalten

Deshalb ist es durchaus natürlich, ich würde sagen, logisch, daß wir jetzt unser politisches System umgestalten müssen. Es geht dabei selbstverständlich nicht um ein Ersetzen des vorhandenen Systems, sondern darum, dort qualitativ neue

Strukturen und Elemente hineinzutragen sowie ihm einen neuen Inhalt und einen dynamischen Charakter zu verleihen, die eine erfolgreiche Entwicklung unserer Gesellschaft gewährleisten. Diese Fragen werden im Lande bereits überall intensiv diskutiert. Und das keineswegs von ungefähr. Die Umgestaltung greift jetzt in die Tiefe. Sie muß alle Bereiche erfassen, darunter natürlich einen so außerordentlich wichtigen Bereich wie das politische System der Gesellschaft.

Wie ich bereits gesagt habe, müssen wir vor der 19. Parteikonferenz eine gründliche Arbeit zu diesen Fragen leisten. Das wichtigste Entwicklungsproblem unseres politischen Systems ist der Aufbau eines solchen Macht- und Leitungsmechanismus, dem eine exakte, effektiv wirkende demokratische Kontrolle innewohnt und bei dem entsprechende juristische Verfahren ausgearbeitet werden, die das Element der Zufälligkeit bei der Lösung der wichtigsten politischen und staatlichen Fragen zusehends vermindern oder überhaupt ausschließen sowie auch die Möglichkeit des Subjektivismus auf allen Ebenen unseres politischen Systems aufheben. Es muß erreicht werden, daß Grundsatzentscheidungen unter aktiver Teilnahme des Volkes ausgearbeitet und gefaßt werden. Das wird unserer sozialistischen Demokratie entsprechen.

## Die notwendige Wiedergeburt der Macht der Sowjets

Vor allem muß es um eine grundlegende Erhöhung der Rolle der Sowjets als Rückgrat des politischen Systems unserer Gesellschaft, seiner Staatlichkeit gehen. Gerade hier, bei der

Bildung und beim Funktionieren der Sowjets, müssen die demokratischen Prinzipien des Sozialismus in erster Linie realisiert werden. In bestimmtem Sinne sprechen wir heute von der notwendigen Wiedergeburt der Macht der Sowjets in ihrer Leninschen Auffassung. Die Sowjets aller Ebenen müssen zu real arbeitenden, initiativreichen, vollberechtigten Zentren der staatlichen Macht und Leitung gemacht werden.

Das erfordert offensichtlich, besser darüber nachzudenken, wie die Sowjets aufgestellt werden müssen. Folglich muß unser Wahlsystem vervollkommnet werden, damit bei der Aufstellung der Machtorgane die aktive Teilnahme des Volkes und die gründliche Auswahl der Menschen gesichert werden, die in der Lage sind, die Tätigkeit der Sowjets angesichts der Aufgaben der Umgestaltung zu gewährleisten. In den Sowjets muß der gesamten Mannigfaltigkeit unseres Landes, einschließlich der nationalen Besonderheiten, Rechnung getragen werden. Selbstverständlich dürfen wir auch die Fragen der Tätigkeit des Obersten Sowjets der UdSSR nicht umgehen.

Seine Rolle muß im Hinblick auf den besseren Nutzeffekt der Arbeit, angefangen vom Präsidium und von den Tagungen bis hin zur Tätigkeit der Kommissionen und der Deputierten, neu durchdacht werden.

## Abgrenzung der Funktionen von Partei und Staat

Eine grundlegende Frage der Reform des politischen Systems betrifft die Abgrenzung der Funktionen der Partei- und der Staatsorgane. Und auch hier müssen die Leninschen Ideen die Grundlage bilden. Die lenkende und führende

Rolle der Partei ist eine unerläßliche Bedingung für das Funktionieren und die Entwicklung der sozialistischen Gesellschaft. Die Partei erarbeitet den politischen Kurs theoretisch und korrigiert ihn. Sie trägt die von ihr ausgearbeitete Politik in die Massen, organisiert sie, schließt sie zur Verwirklichung der gestellten Aufgaben zusammen und führt eine entsprechende Kaderpolitik durch. Darin bestehen ja eigentlich auch die Hauptfunktionen der Partei als politische Vorhut der Gesellschaft. Jetzt, unter den Bedingungen der Umgestaltung und der Demokratisierung, muß die Leninsche Lehre über die Partei und ihre Tätigkeit unter den Bedingungen des Sozialismus im vollen Umfange wiederhergestellt werden. Wir müssen der Unionsparteikonferenz durchdachte und kollektiv erarbeitete Vorschläge zu diesen Fragen unterbreiten.

## Das zu schaffende politische System . . .

Das zu schaffende politische System ist ohne ein entwickeltes System gesellschaftlicher Organisationen sowie ohne grundlegende Veränderung von Inhalt und Methoden ihrer Arbeit nicht zu denken. Es muß auf dem Verständnis dessen beruhen, daß hinter jeder gesellschaftlichen Organisation bestimmte soziale Schichten mit ihren spezifischen Besonderheiten und Interessen stehen. Und die Aufgabe besteht nicht darin, diese zu nivellieren, sondern im Gegenteil darin, sie höchstmöglich zu ermitteln, zu berücksichtigen und in den Dienst des gesellschaftlichen Fortschritts zu stellen. Die Hauptaufgabe der gesellschaftlichen Organisation besteht darin, die sozialpolitische Aktivität zu entwickeln, die vielseitigen Interessen zu befriedigen und den Bürgern Fertigkeiten der gesellschaftlichen Selbstverwaltung anzuerziehen.

Mir scheint, wir müssen die Aufgabe stellen, die Überhandnahme von bezahlten Funktionären, die Überorganisiertheit und den Bürokratismus in den gesellschaftlichen Organistionen zu überwinden, indem ein Teil der Vollmachten der zentralen Organe an die unteren übergeben wird. Die Grundorganisationen müssen von der Notwendigkeit befreit werden, jeden ihrer Schritte mit dem übergeordneten Apparat abzustimmen.

## Statt Nivelierung spezifischer Interessen: Entwicklung gesellschaftlicher Strukturen

Man spürt das Bedürfnis nach der Entwicklung eines Systems der gesellschaftlichen Strukturen, der Bildung einer Reihe von gesellschaftlichen Formationen, die die Menschen nach verschiedenen sozialen, beruflichen und anderen Interessen vereinigen. Offensichtlich sollte der Fragenkreis erweitert werden, den die Staatsorgane nur unter Teilnahme der gesellschaftlichen Organisationen lösen können.

Sozialistische Demokratie bedeutet vielseitige Formen des sozialen und politischen Lebens, natürlich auf der Grundlage unserer sozialistischen Prinzipien und Werte. Und diese Idee muß die Grundlage der Beschlüsse bilden, die die Parteikonferenz unserer Ansicht nach ausarbeiten muß.

Das gilt auch für die Fragen der nationalen Beziehungen und des nationalstaatlichen Aufbaus. Wir sprechen heute vom steigenden nationalen Selbstbewußtsein bei allen Nationen und Völkerschaften des Landes und von Erscheinungsformen nationaler Gefühle (was manchmal in deformierter Weise zum Ausdruck kommt). Das alles sind lebenswichtige Fragen, die gelöst werden müssen. Es muß auch über die Formen der weiteren Entwicklung der Kontakte zwischen den Republiken, die Festigung ihrer Rechte, darunter auch zur Vertretung in den zentralen Staatsorganen, nachgedacht werden.

Wie Sie sehen, haben sich viele Probleme angehäuft. Und halbe Maßnahmen nützen hier nichts. Offensichtlich haben wir die Aufgabe, zur bevorstehenden Parteikonferenz ausführliche Vorschläge zur Vervollkommnung des politischen Systems vorzubereiten, die auf den Ideen des 27. Parteitages der KPdSU und der Plenen des ZK über die sozialistische Selbstverwaltung des Volkes beruhen und jene Prozesse der Demokratisierung berücksichten, die sich in der Gesellschaft vollziehen.

## Internationale Aspekte der Perestroika

Jetzt, Genossen, zu einigen internationalen ideologischen Aspekten der Perestroika.

Eingedenk der auf leidvollem Wege gewonnenen, im Bewußtsein und im Herzen nachvollzogenen Erfahrungen und Lehren aus der Vergangenheit, haben wir uns die Aufgabe gestellt, die Gesellschaft, in der wir leben, zu ergründen, zu erforschen, uns über sie klar zu werden. Ebenso stellten wir die Frage auf internationaler Ebene – die Welt, in der unser Land lebt, zu ergründen, uns über sie klar zu werden, sie zu erforschen. Durch objektive Analyse gelangten wir zur Einsicht in die Notwendigkeit einer Umgestaltung und eines neuen politischen Denkens. Das war ein Durchbruch in der wissenschaftlichen Erkenntnis der Realitäten von heute, umgesetzt in eine bahnbrechende und dynamische Politik.

Schon vor dem Parteitag hatten wir in der Erklärung vom 15. Januar 1986 ein Programm des Voranschreitens zu einer Welt ohne Kernwaffen als unbedingte Voraussetzung für das Überleben der Menschheit verkündet. Der 27. Parteitag der KPdSU vermittelte eine eingehende Interpretation der Philosophie der friedlichen Koexistenz um die Jahrhundertwende und begründete die Konzeption eines umfassenden Systems des Weltfriedens und der internationalen Sicherheit. Unsere Abrüstungsinitiativen und anderen konkreten Schritte auf dem internationalen Schauplatz – das sind keine Improvisationen mehr, keine Reaktion auf diese oder jene politischen Schritte und Aktivitäten des Westens schlechthin, wie dies bisweilen früher der Fall gewesen ist. Sie haben eine feste und langfristig wissenschaftliche Basis erhalten.

So wurde der Weg nach Genf gebahnt, später nach Reykjavik und schließlich nach Washington, wo auf höchster Ebene mit den Vereinigten Staaten die erste Übereinkunft über die Reduzierung von Kernwaffen – der Vertrag über die Raketen mittlerer und kürzerer Reichweite – unterzeichnet wurde. Ich denke, wir sind uns bei der Einschätzung seiner Bedeutung alle darin einig, daß er effektiv die Richtigkeit der Politik bestätigt, die vom April-Plenum 1985 eingeleitet und auf dem 27. Parteitag theoretisch und politisch begründet wurde. Wir sagen: Der in Washington unterzeichnete Vertrag ist der Beginn einer realen Abrüstung. Wir wollen, daß dem so sein wird. Und wir werden darauf hinwirken, daß sie ihre Fortsetzung findet.

Zugleich ist das aber auch eine Bilanz. Eine Bilanz der Anstrengungen der sozialistischen Länder, anderer fortschrittlicher und friedliebender Staaten, gesellschaftlicher

Massenorganisationen, der Organisation der Vereinten Nationen und der Bewegung der Nichtpaktgebundenen im Kampf gegen die nukleare Gefahr. Das ist ein Ergebnis aktiver Bemühungen hervorragender Wissenschaftler, Kulturschaffender und geistlicher Würdenträger, ein Ergebnis ihrer Konsolidierung und Verständigung. Das ist auch eine Folge der vernünftigen und aktiven Position vieler Politiker, Vertreter der Geschäftswelt und der Militärkreise.

## Das neue Denken hat begonnen, auch die Weltpolitik zu beeinflussen

Der Vertrag gibt in gewissem Sinne über den vom Friedenspotential erreichten Stand Aufschluß. Er zeugt auch davon, daß sich das neue Denken nicht nur der Hirne bemächtigt, sondern inzwischen auch die Weltpoltikik zu beeinflussen begonnen hat. Die Arbeit an dem Vertrag ist auch im Hinblick auf die gesammelten Erfahrungen aufschlußreich. Nachgewiesen wurde die Ersprießlichkeit gleichberechtigter, wenn auch schwieriger und angespannter Verhandlungen, bei denen die beiderseitigen Interessen und Besorgnisse mit peinlicher Genauigkeit berücksichtigt werden.

Dennoch gibt die Unterzeichnung des Vertrags keinen Anlaß zur Selbstzufriedenheit und Selbstgefälligkeit. Sie leitete, so kann man sagen, eine weitere Phase des Kampfes für Abrüstung und Frieden ein, darunter auch des ideologischen Kampfes. Sehr bald nach der Euphorie der ersten Tage haben die Gegner der Normalisierung der Beziehungen zur UdSSR begonnen, »zum Sammeln zu blasen« und ihre Kräfte zum Kampf gegen die Ratifizierung des Vertrags zu mobilisieren. Die US-Administration hält ihr Wort und verficht den Vertrag. Gleichzeitig stimmt sie aber in die antisowjetische und antikommunistische Rhetorik der extrem Rechten ein, und zwar nicht nur verbal, sondern auch durch bestimmte Handlungen in militaristischem Stil unter dem sattsam bekannten Vorwand der »wachsenden sowjetischen Bedrohung«. Wieder sind wir mit Provokationen an unseren Grenzen konfrontiert. Die während des Besuchs in den USA entstandene Atmosphäre paßt manch einem offensichtlich nicht ins Konzept.

Merklich belebt haben sich die militaristischen Aktivitäten im europäischen Bereich der NATO. Man beeilt sich, eine »Kompensation« für die nach dem Vertrag zu liquidierenden Raketen zu schaffen. Man plant eine Modernisierung und Verstärkung »anderer« Arten der nuklearen Rüstungen, insbesondere der see- und luftgestützten, und verweist zynisch darauf, daß sie durch den Vertrag nicht erfaßt werden. Aus London, Paris und dem Brüsseler NATO-Hauptquartier hörten wir erneut ein kategorisches Nein zum Verzicht auf Kernwaffen selbst in ferner Zukunft. Zustimmende Worte zum Vertrag und zu den Verhandlungen der UdSSR und der USA über die Reduzierung der strategischen Rüstungen gehen mit Erklärungen einher, denen zufolge Frankreich und Großbritannien keineswegs die Absicht haben, die Anhäufung von Kernwaffen einzustellen. Ganz im Gegenteil. Gerade nach der Unterzeichnung des Vertrags legen die NATO-Staaten verstärkte Betriebsamkeit im Bereich der bi- und multilateralen militärischen Integration an den Tag.

Positive Worte über unsere Umgestaltung wechseln sich im Munde ranghoher Politiker erneut mit dem Gerede von der »Expansion des Kommunismus« und mit Warnungen ab, man dürfe nicht vergessen, mit wem man es zu tun habe, und da nun die gegenwärtige sowjetische Führung ihr

System nicht zu ändern gedenke, sei auch deren »Diplomatie des Lächelns« suspekt. Erneut wird lauthals von der Sinnlosigkeit jedweder Verhandlungen mit der UdSSR geredet, weil sie ja überhaupt »kein Vertrauen verdient«. Die reaktionären, extrem antisowjetischen Kräfte konsolidieren sich. Alle möglichen »Analytiker« und Kremlforscher stellen erschreckende Empfehlungen für die Regierungen zusammen, vernebeln die Hirne der Öffentlichkeit und drohen mit »katastrophalen« Folgen für den Westen, wenn der Abrüstungsprozeß fortgesetzt werde.

Die Versuche, den ideologischen Kampf zu Fragen der Umgestaltung und Abrüstung auf unser Territorium, in unser Umfeld zu verlagern, nehmen zu. »Rundfunkstimmen« verbreiten provokatorische Lügenmärchen – über die Zuspitzung des Kampfes in der sowjetischen Gesellschaft und der sowjetischen Führung sowie darüber, daß bereits eine »Opposition« zur Umgestaltung und zum außenpolitischen Kurs der KPdSU entstanden ist und wächst. Man will Unsicherheit, Mißtrauen in die Möglichkeit säen, die von der Partei gesteckten Ziele zu erreichen. Damit beschäftigten sich die Zentren antisozialistischer Provokationen nicht nur in bezug auf die Sowjetunion – das sehen wir genau. Sie erarbeiten eilig neue Methoden subversiver Arbeit gegen andere sozialistische Länder, wo sich ebenfalls dynamische Prozesse zur weiteren Vervollkommnung des Sozialismus vollziehen. Für jedes von ihnen suchen sie spezifische Methoden, um sozusagen unter Berücksichtigung der nationalen Spezifik zu handeln.

## Eine neue »Entdeckung« der Sowjetunion

Wir wissen, warum sie unruhig geworden sind. Nicht nur, weil die Abrüstung die Profite des Militär-Industrie-Komplexes und die Einkommen derjenigen bedroht, die sich an ihm gütlich tun, sondern auch, weil sie sich vor dem Wiederaufleben der Anziehungskraft der sozialistischen Ideen und dem wachsenden Ansehen des Sozialismus als Gesellschaft der Werktätigen fürchten. Es erschreckt sie, daß erneut die Sympathien gegenüber unserem Land wachsen und sich eine neue »Entdeckung« der Sowjetunion vollzieht.

Dies alles untergräbt das »Feindbild«, also auch die ideologischen Grundlagen der antisowjetischen und imperialistischen Politik. Es stürzt das ein, was den Reaktionären in den vergangenen Jahrzehnten so treu gedient hatte. Deswegen gefällt den »Rechten« die intitiavreiche Friedenspolitik der UdSSR nicht. Deswegen wollen sie den Abrüstungszug, der immer schneller wird, stoppen. In unserer ideologischen Arbeit und Propaganda müssen wir dies alles sehen und entsprechende Maßnahmen einleiten.

## Afghanistan

Genossen! Im Zeitraum nach dem vorhergegangenen Plenum des ZK waren neben dem Vertrag über die Raketen mittlerer und kürzerer Reichweite die Schritte zur Lösung des Afghanistan-Problems ein anderes wesentliches Ereignis in internationaler Hinsicht. Es berührt seit langem tiefgreifend und unmittelbar die Gefühle der sowjetischen Menschen, unsere ganze Gesellschaft.

Nach dem Aprilplenum des ZK der KPdSU (1985) führte

das Politbüro eine strenge und objektive Analyse der Situation durch und begann schon damals, einen Ausweg aus der Lage zu suchen. Es stellte sich jedoch als kompliziert heraus, alle Probleme zu lösen, damit die wichtigsten Knoten dieses schweren regionalen Konflikts entflochten werden könnten. Möglichkeiten dafür boten sich, nachdem Ende 1986 wirklich nationale Kräfte mit Najibullah an der Spitze in Afghanistan die politische Bühne betraten. Es wurden auch äußere Voraussetzungen für die Regelung des Konfliktes in der Weise geschaffen, daß Afghanistan ein unabhängiger, neutraler und nichtpaktgebundener Staat wird. Dies entspricht den Interessen des afghanischen Volkes. Dies entspricht auch unseren Staatsinteressen.

Die Erklärung, die vor zehn Tagen veröffentlicht wurde, ist Ihnen gut bekannt. Dort wurde eigentlich alles gesagt – wie wir handeln werden und worauf wir setzen. Sie wurde von unserem Volk, unseren Verbündeten, Freunden und von der Weltöffentlichkeit mit Verständnis und Billigung aufgenommen, Diejenigen, die auch weiterhin das Afghanistan-Problem zu eigennützigen Zielen ausnutzen wollen, stellt sie vor neue Realitäten, mit denen sie zu rechnen haben werden. Die bevorstehenden Monate werden deutlich die wahre Position aller an der politischen Regelung der Lage in Afghanistan Beteiligten zeigen.

Natürlich, Genossen, ist unsere Beteiligung am Afghanistan-Konflikt ein sehr kompliziertes Problem, das viele Aspekte dessen berührt, was wir im Verlauf der Umgestaltung und der konsequenten Transformierung des neuen Denkens in die praktische Politik überwinden. Das Wichtigste besteht heute jedoch darin, daß das Politbüro auch in dieser Frage in strikter Übereinstimmung mit dem prinzipiellen Kurs des 27. Parteitages der KPdSU handelt.

Überhaupt muß gesagt werden, daß sich auch die wissenschaftliche Ausarbeitung der Probleme des neuen Denkens und ihre ideologische Begründung erst im Anfangsstadium befinden. In der Atmosphäre der sich erweiternden Offenheit wird es hier nicht weniger Arbeit geben. Natürlich ist es der Wunsch der sowjetischen Menschen, selbst einen klaren Begriff über alles zu bekommen, die Ereignisse besser zu verstehen und, noch mehr als dies, mit Sachkenntnis am Kampf des gesamten Volkes gegen die Kriegsgefahr sowie an den internationalen Kontakten teilzunehmen.

Gerade deshalb werden alle erforderlichen Bedingungen geschaffen, um das Niveau der außenpolitischen Propaganda, der Erläuterungen und der Kommentare zu den internationalen Fragen in informatorischer und intellektueller Hinsicht drastisch zu erhöhen. Das ist ein überaus wichtiges Gebiet unserer ideologischen Tätigkeit. Denn bei manchen herrscht jetzt in den Köpfen, was das Begreifen des Wesens des neuen Denkens betrifft, ebenso wie im Zusammenhang mit unseren Ideen und Veränderungen in der inneren Ordnung ein Durcheinander. Dies ist auch nicht verwunderlich: Die Probleme sind zu bedeutend, sie werden weiter wachsen und um sie ist ein Kampf im Gange.

## Ohne Erhaltung des Friedens wird es überhaupt keinen Fortschritt geben

Wir werden Zeugen und Teilnehmer einer nie dagewesenen Erscheinung, eines gewissen Paradoxes, das von der großen Dialektik der Weltgeschichte hervorgerufen wurde. Die beschleunigte Internationalisierung vieler Prozesse im globalen Maßstab geht mit der Zunahme der Zahl und der Spezifik der Varianten der nationalen und der regionalen

Entwicklung der Länder und Völker einher. Sowohl das eine als auch das andere dient jedoch der Festigung der Einheitlichkeit der Welt. Man wird solche Dinge in der Theorie noch ernsthaft durcharbeiten und dann in die Politik überführen müssen. Das ist eine Aufgabe – eine theoretische und eine praktische –, die viele Abzweigungen hat.

Der militaristischen Doktrin, der die Politik der Stärke zugrunde liegt, haben wir die Konzeption des »Gleichgewichts der Interessen« und der gegenseitigen gleichen Sicherheit entgegengesetzt. Unsere Staatsinteressen stehen nicht im Widerspruch zu den Interessen der Völker, der werktätigen Massen in jeder anderen Gesellschaft. Ohne Erhaltung des Friedens wird es überhaupt keinen Fortschritt geben, und es ist sinnlos, außerhalb des Kontextes der Lösung dieser Aufgabe über jemandes Interessen zu reden. Der Kampf für die Verbannung des Krieges aus der internationalen Politik ist der Kampf für die Rettung von Millionen Menschenleben, in erster Linie der Werktätigen, die am ehesten und am meisten unter allen Kriegen leiden. Durch die Anbahnung normaler sachlicher Beziehungen mit den Staaten des uns gegenüberstehenden Systems wird unter anderem auch der Antisowjetismus und folglich auch der Antikommunismus erschüttert. Damit wird der Druck der Reaktion auf die demokratischen Errungenschaften und Bestrebungen abgeschwächt.

Die Beseitigung des Militarismus – diese Frage haben wir in aller Schärfe gestellt und gehen daran sachlich und realistisch heran – trägt nicht nur zur Zügelung der reaktionärsten Kräfte bei, sondern verspricht auch eine Zunahme der Zahl der Arbeitsplätze überall. Neben den unmittelbaren Vorteilen für die werktätigen Menschen wird dies zu einer Erweiterung des wirtschaftlich und sozial aktiven Teils der werktätigen Massen, d. h. der sozialen Basis der Demokratie und des Fortschritts, führen.

Der Kampf für die neue internationale Wirtschaftsordnung und die Überwindung der flagranten Krisenerscheinungen in der Dritten Welt bedeutet in der Endkonsequenz die Schaffung von Bedingungen für eine menschenwürdige Existenz für weitere Millionen Menschen auf ganzen Kontinenten und ihre Einbeziehung in die Weiterentwicklung der Geschichte. Dies ist aber der wichtigste Faktor des Weltfortschritts, der unabhängigen Entwicklung und der revolutionären Umgestaltungen.

## Die Frage der Verbindung von Klassenbedingtem und Allgemeinmenschlichem

Die Kompliziertheit der globalen Prozesse und die Unvorhersagbarkeit des Ganges und der Wenden in der Weltpolitik, der umfassende Maßstab und die Einmaligkeit der von uns unternommenen Friedensoffensive, die eine nie dagewesene internationale Resonanz ausgelöst hat, der Widerstand großer Kräfte, die an der friedlichen Koexistenz objektiv nicht interessiert sind, und schließlich die Notwendigkeit, richtig verstanden zu werden – durch all das wird nicht nur unsere politische, sondern auch unsere theoretische Verantwortung auf ein qualitativ neues Niveau gehoben. Die grundlegende theoretische Frage, die sowohl für die Marxisten als auch für deren Opponenten aktuell wurde, ist die Frage der Verbindung des klassenbedingten und des allgemein menschlichen Elements in der realen globalen Entwicklung und folglich in der Politik.

In dem Referat über den 70. Jahrestag des Großen Oktober wurden die prinzipiellen Festlegungen dazu dargelegt. Es wurde die grundlegende Frage gestellt: Ist in der gegenwärtigen Etappe, bei der Ende des 20. Jahrhunderts erreichten gegenseitigen Abhängigkeit und Einheitlichkeit der Welt, eine solche Einwirkung auf die Natur des Imperialismus möglich, die deren gefährlichste Erscheinungsform blockieren würde? Es sind die Kriterien des Wettkampfes zwischen den unterschiedlichen Gesellschaftsordnungen und die Möglichkeiten für deren Koexistenz in solchen Formen festgelegt worden, die eine globale Katastrophe verhindern würden. Unsere Gesellschaftswissenschaft wagt sich jetzt kühner an eine Analyse der Besonderheiten und der wichtigsten Merkmale der neuen Epoche heran.

Breite Kreise der internationalen Öffentlichkeit betrachten unsere Umgestaltung als Wohl für die ganze Menschheit, positiv, ja sogar mit Sympathie stehen sie zu den von uns in Angriff genommenen Veränderungen und zu unserer Außenpolitik, von vielen wird sie offen und aktiv unterstützt. In der ganzen Welt haben wir Hoffnung auf die Zukunft geweckt. Das ist ein großes moralisches Kapital. Und wir sind verpflichtet, das zu schätzen und das Vertrauen zu rechtfertigen, das wir überall spüren. Das ist die eine Seite der Sache, die direkt mit dem menschlichen Faktor verbunden ist, aber ihre Wurzeln in den objektiven Prozessen der Gegenwart hat.

## Wesentliche Veränderungen im Kapitalismus, völlig neue Faktoren

Die andere Seite sind die wesentlichen Veränderungen, die das Monopolkapital und die Gesellschaft durchleben, in der es herrscht. Darüber hinaus traten völlig neue Faktoren auf den Plan, die entscheidende Bedeutung für die heutige Entwicklung der Welt genommen haben. Das sind die nukleare Gefahr, die beispiellosen sozialen und internationalen Folgen der wissenschaftlich-technischen Revolution, die für alle gleiche ökologische Gefahr und die prinzipiell andere Situation in der Sphäre der Information und in allen Arten der Kommunikation. Die Zuspitzung der globalen Probleme und das Begreifen der Notwendigkeit, zu ihrer Lösung auf internationaler Ebene zusammenzuarbeiten – das alles nützt dem Frieden und der Abrüstung. Die Folgen der furchtbaren Erfahrungen des Faschismus und des Zweiten Weltkrieges üben nach wie vor auf die Menschen in vielen Ländern einen unverminderten psychologischen Einfluß aus.

Das alles verändert im Rahmen des Monopolkapitalismus und seines international-politischen Überbaus das Verhältnis zwischen der »Partei des Krieges« und der »Partei des Friedens«, zwischen, mit Lenins Worten gesagt, »dem grob bürgerlichen, agressiv-bürgerlichen, reaktionär-bürgerlichen« und »dem pazifistischen Lager« der im Westen herrschenden Klasse. Mit einem Wort, die internationalen Bedingungen, unter denen wir in eine neue und gewaltige Phase unserer Revolution getreten sind, unterscheiden sich wesentlich von denen, die in ihren früheren Etappen herrschten.

Das neue Denken ist das richtige Verstehen der neuen Realitäten, die durch die Methode der materialistischen Dialektik analysiert wurden. Das sind auch die Schlußfolgerungen aus dieser Analyse, die an den revolutionären Erfahrungen Lenins und an den grundlegenden Prinzipien des Marxismus-Leninismus gemessen wurden. Ich muß weiter unterstreichen: Das neue Denken basiert auf der Leninschen

Theorie des Imperialismus und Lenins Analyse der Natur des Imperialismus, die niemals »gut« sein wird. In dieser Frage hatten und haben wir keinerlei Illusionen.

## Die neue Rolle der allgemeinmenschlichen Werte

Das Kernstück des neuen Denkens ist die neue Rolle der allgemeinmenschlichen Werte. Auf ihre Bedeutung haben sowohl Karl Marx als auch Lenin verwiesen. Und das waren nicht nur allgemeine Vorstellungen, die aus dem humanistischen Wesen ihrer Lehre entsprangen. Indem sie die Bedeutung der in der Welt ablaufenden Prozesse der Internationalisierung unterstrichen, deckten unsere großen Lehrer die objektive Grundlage der allgemeinmenschlichen Werte auf und vereinigten sie dialektisch mit den sozialen und Klassenwerten. Jetzt wird das alles zur Hauptlinie der praktischen Politik. Und diese Forderungen an die Politik werden sowohl von den negativen als auch von den positiven Prozessen der gegenwärtigen Epoche bedingt: Einerseits durch die Zunahme noch nie dagewesener Gefahren für die Existenz der Gattung Mensch selbst. Andererseits durch die Zunahme der Rolle der Massen und des allgemeindemokratischen Faktors in der innerstaatlichen und Außenpolitik.

Und das verlangt auch wesentlich andere internationale Beziehungen. Welche konkret? Welches Prinzip in ihnen muß die Basis bilden und bindend sein? Wir haben es genannt. Wir haben es laut genannt und hören nicht auf, es allen zu wiederholen – vom US-Präsidenten bis zu unseren Freunden, die für nationale Unabhängigkeit und Sozialismus kämpfen. Dieses Prinzip ist die Anerkennung der Freiheit der sozialen und politischen Wahl durch jedes Volk und durch jedes Land. Bei einer solchen Fragestellung gibt es auch keine Spur von Utopie oder Illusion. Wir wissen sehr gut, daß man den Westen nicht mit diplomatischen Liebenswürdigkeiten und Propaganda von der Notwendigkeit der Anerkennung dieses Prinzips überzeugen kann.

Keineswegs unterzubewerten ist sicher die Bedeutung unseres guten Willens, des neuen Stils unserer außenpolitischen Tätigkeit, unseres Strebens nach einem offenen und ergebnisreichen Dialog zur Erzielung des zwischen Vertretern entgegengesetzter Systeme möglichen Vertrauensminimums, unseres ehrlichen Verzichts auf die Ideologisierung der zwischenstaatlichen Beziehungen sowie der Bereitschaft zu paritätischen Kompromissen, ohne jemandes Sicherheit zu beeinträchtigen – mit einem Wort all dessen, was die sowjetische Außenpolitik in der Zeit der Umgestaltung kennzeichnet.

Aber der wichtigste »Aufklärer« bei der Anerkennung des Rechtes der Völker, nach ihrem eigenen Ermessen und ohne Einmischung von außen zu leben, werden – und je weiter, um so mehr – diejenigen Realitäten der Welt von heute, von denen oben die Rede war und die im neuen Denken widergespiegelt werden. Übrigens, gerade weil es die Welt richtig widerspiegelt, sehen wir es nicht nur für uns selbst, sondern auch für die übrige Welt als nützlich an. Diese Realitäten zwingen jeden, sie zu berücksichtigen, weil letztlich das Überleben der Menschheit, die Existenz der Zivilisation selbst auf dem Spiel steht.

Und die wichtigste Funktion, ich würde sagen, die historische Mission der Kräfte des Sozialismus, der Demokratie und des Fortschritts besteht gerade darin, die bestehenden Realitäten auszubauen und zu festigen und auch neue zu schaffen, die ein unüberwindliches Hindernis für die Kräfte der Aggression und der Intervention bilden würden.

## Ohne eine Außenpolitik, die auf dem neuen Denken basiert, kein Erfolg der Perestroika

Wir, die Sowjetunion, schaffen und festigen diese Realitäten durch unsere Umgestaltung. Ich möchte noch einmal sagen: Alle unsere außenpolitischen Errungenschaften und die Erhaltung des Friedens selbst haben hier ihre Wurzeln – in den Erfolgen der Umgestaltung, in unserer gemeinsamen Arbeit, Genossen. Aber es ist wichtig, daß sich alle unsere Menschen über einen anderen wechselseitigen Zusammenhang klar werden: Ohne eine Außenpolitik, die auf dem neuen Denken basiert, ist ein Erfolg der Umgestaltung unmöglich.

Genossen! In dieser dialektischen Wechselseitigkeit der inneren und außenpolitischen Aspekte erheben sich vor uns die ideologischen Probleme der Umgestaltung in ihrer neuen Etappe. Und sie verweisen uns erneut – aber mit vielfach verstärkter Kraft – auf die Frage, die vor einem Jahr auf dem Januar-Plenum des ZK so akut gestellt wurde – die Kaderfrage.

In der lebendigen, dynamischen, sich aktiv umgestaltenden organisatorischen, politischen und ideologischen Tätigkeit darf es keinen Platz für solche Leute wie die Gestalt aus Werken Saltykow-Stschedrins geben, die sagte: »Neue Ideen verstehe ich nicht. Ich sehe nicht einmal ein, wozu man sie überhaupt verstehen soll.« Schlimm ist, wenn unser Zeitgenosse so denkt. Noch schlimmer ist, wenn ein Parteimitglied, ein leitendes Parteimitglied von derartigen Stimmungen infiziert ist. Ich werde immer wieder sagen: Die Partei, jeder Kommunist, welchen Posten er auch immer bekleidet, müssen ein Beispiel an Demokratie zeigen. Ohne dies wird sich der Demokratisierungsprozeß nicht vollziehen.

Die Partei begann die Umgestaltung bei sich selbst, bei ihren Kadern. Nach dem Januar-Plenum des ZK der KPdSU wurde in der Kaderarbeit der Partei nicht wenig geleistet. Der Hauptgradmesser, von dem wir uns leiten ließen, ist die Einstellung zur Umgestaltung. Soeben gingen die in allen Parteiorganisationen abgehaltenen Rechenschaftslegungen der wählbaren Organe über die Leitung der Umgestaltung zu Ende. Die Rechenschaftsberichte haben gezeigt, daß sich die Kommunisten größtenteils mit der Untätigkeit, der Verantwortungslosigkeit, der Trägheit und der gleichgültigen Einstellung zur Umgestaltung nicht abfinden wollen, Phrasendrescher und Schwätzer nicht dulden. Im Verlaufe der Versammlungen wurde die Arbeit von über 4800 Parteikomitees und Parteibüros als unbefriedigend erkannt, wurden über 89 000 Mitglieder der wählbaren Organe abgelöst. Das ist ein gesetzmäßiges Ergebnis dessen, daß in der Partei eine Atmosphäre höherer Ansprüche an die Kader in bezug auf die Umgestaltung herbeigeführt wurde.

Wir müssen diesen Weg konsequent weiterverfolgen, und das bedeutet unermüdlich die Demokratie lernen, wie es die Zeit der Umgestaltung verlangt. Das ist eine schwierige Sache, Demokratie lernen. Aber wir haben zuverlässige Orientierungspunkte, die zuverlässige Leninsche Methode für dieses Studium.

Das ist die furchtlose Entwicklung der Kritik und der Selbstkritik.

Das ist das beständige Bestreben, inmitten der Massen, inmitten der brennendsten Lebensprobleme zu stehen.

Das ist die Akkumulation der Stimmungen, der Bedürfnisse und der Lebensinteressen der Werktätigen, aller Schichten der Gesellschaft.

Das ist schließlich die tagtägliche Durchsetzung des

Leninschen sachlichen Arbeitsstils, dessen Wesenszug Rückhalt bei den Massen ist.

Und natürlich muß die Demokratisierung das ganze innerparteiliche Leben durch die Erhöhung der Rolle der wählbaren Organe, durch die entschlossene Verstärkung des Kampfgeistes der Parteigrundorganisationen durchdringen.

Wir sind verpflichtet, uns daran zu erinnern, daß unsere Partei ihre führende Rolle nicht von irgendeinem höheren Wesen für ewige Zeiten erhalten hat. Diese Rolle wurde von mehreren Generationen der Kommunisten, durch ihren selbstlosen Kampf für den Sozialismus, für die Interessen der werktätigen Menschen erkämpft. Und heute müssen wir – täglich und stündlich – durch beharrliche Arbeit im Namen des Volkes, im Namen des Heimatlandes unser Recht bekräftigen und durchsetzen, in der Avantgarde der revolutionären Erneuerung der Gesellschaft zu stehen.

## Der Weg zur Parteikonferenz im Juni 1988

Abschließend möchte ich betonen, Genossen, daß im Laufe von fast drei Jahren bereits nicht wenig getan wurde, wenn man unser heutiges Leben mit dem vergleicht, was vor Beginn der Umgestaltung bestand. Es wurde aber noch sehr wenig geleistet, wenn man es mit dem vergleicht, was wir von der Umgestaltung erwarten und was unsere Gesellschaft leisten kann. Wir haben auf dem Wege zu einem qualitativ neuen Zustand der sowjetischen Gesellschaft viele schwierige Probleme zu lösen.

Wir gehen der 19. Unionsparteikonferenz entgegen. Uns steht bevor, die prinzipiellen Ergebnisse von drei Jahren Leben und Arbeit unter den Verhältnissen der Umgestaltung und insbesondere der ersten Monate der Geltung des Gesetzes über den Betrieb gründlich zu analysieren. Zu bestimmen ist, welche Ziele unsere Partei und Gesellschaft durch die Entfaltung der Demokratisierungsprozesse und den Beginn der durchgreifenden Wirtschaftsreform erreicht haben und erreichen. Es gilt, konkrete Entscheidungen über die Vervollkommnung unseres politischen Systems und über die Rolle der Partei als politische Vorhut in der neuen Etappe der Entwicklung des Landes zu treffen. Damit wird unserer revolutionären Umgestaltung ein mächtiger Impuls gegeben.

Also, es steht große angespannte Arbeit bevor. Immens ist der Umfang von Neuererideen und -vorschlägen, die in der Partei und Gesellschaft in letzter Zeit entstehen. Groß ist der Kreis zahlreicher konkreter Fragen, der ständig wächst.

Wie sind sie zu lösen? Daran müssen wir gemeinsam arbeiten, indem wir Schritt für Schritt den vorgezeichneten Weg gehen. Indem wir verantwortungsvoll, kreativ, kühn und zugleich sachlich experimentieren. Mit einem Wort, auf Leninsche, auf bolschewistische Art.

(Zwischenüberschriften von der Redaktion eingefügt.)

# Anhang

## »Ich kann meine Prinzipien nicht preisgeben«

*Brief der Leningrader Dozentin Nina Andrejewa, veröffentlicht in der »Sowjetskaja Rossija« vom 13. März 1988*

Ich habe mich zu diesem Brief erst nach längerem Überlegen entschlossen. Ich bin Chemikerin und lehre am Leningrader Technologischen Institut »Lensowjet«. Wie viele andere betreue ich eine Seminargruppe. Die Studenten nehmen jetzt, nach der Periode gesellschaftlicher Apathie und geistiger Unselbständigkeit, intensiv die Energie der revolutionären Veränderungen auf. Natürlich entwickeln sich Diskussionen über die Wege der Umgestaltung und über deren ökonomische und ideologische Aspekte. Transparenz, Offenheit, das Verschwinden von Tabuzonen für Kritik und die gewachsene Emotionalität im Bewußtsein der Öffentlichkeit und besonders unter der Jugend äußern sich nicht selten auch darin, daß Probleme aufgeworfen werden, die ihnen in dem einen oder anderen Maße von westlichen Sendern oder von denjenigen unserer Landsleute »vorgegeben« wurden, die keinen gefestigten Standpunkt zum Wesen des Sozialismus haben. Worüber wird nicht alles geredet! Über Mehrparteiensystem, Freiheit der Religionspropaganda, Übersiedlung ins Ausland, Recht auf ausgiebige

Erörterung sexueller Fragen in der Presse, Notwendigkeit einer Dezentralisierung der Leitung der Kultur, Abschaffung der Wehrpflicht etc. Besonders viele Dispute gibt es unter den Studenten über die Vergangenheit unseres Landes.

Wir Lehrkräfte müssen natürlich zu den brennendsten Fragen Stellung nehmen, und das erfordert neben Ehrlichkeit auch Kenntnisse, Überzeugung, kulturelles Wissen, ernsthafte Überlegung und ausgewogenes Urteil. Diese Qualitäten müssen alle besitzen, die mit der Erziehung der Jugend zu tun haben, und nicht nur die Mitarbeiter der gesellschaftswissenschaftlichen Lehrstühle.

Am liebsten gehen meine Studenten und ich im Park von Peterhof spazieren. Wir schlendern durch die verschneiten Alleen, freuen uns an den berühmten Palästen und Statuen und – debattieren. Wir diskutieren! Die jungen Leute brennen darauf, sich in all den komplizierten Fragen zurechtzufinden, ihren Weg in die Zukunft zu finden. Ich blicke in die jungen, erhitzten Gesichter und denke: Wie wichtig ist es doch, ihnen dabei zu helfen, die Wahrheit zu finden, die richtige Haltung zu den Problemen der Gesellschaft herauszubilden, in der sie leben und die sie künftig umgestalten werden, ich überlege, wie man ihnen das richtige Verständnis für die fernere und die nähere Vergangenheit unseres Landes vermitteln kann.

Was gibt es hier zu befürchten? Ein einfaches Beispiel: Man sollte meinen, über den Großen Vaterländischen Krieg und den Heroismus seiner Teilnehmer sei schon so viel geschrieben und gesagt. Aber vor kurzem hatten wir in einem Studentenwohnheim unserer »Technoloshka«, wie wir sagen, eine Begegnung mit dem Helden der Sowjetunion, Oberst a. D. W. F. Molosew. Er wurde unter anderem nach politischen Repressalien in der Armee gefragt. Der Veteran antwortete, daß er von Repressalien nichts gehört habe, daß viele von denen, die zusammen mit ihm in den Krieg gingen und bis zum Ende dabei waren, bedeutende Militärs geworden sind ... Manche Studenten waren von dieser Antwort enttäuscht. Das heute allgegenwärtige Thema der Repressalien hat von einem Teil der Jugend regelrecht Besitz ergriffen und steht einer objektiven Sicht auf die Vergangenheit im Wege. Beispiele dafür gibt es genug.

Natürlich ist es sehr erfreulich, wenn sich heute sogar »Techniker« lebhaft für theoretische gesellschaftswissenschaftliche Probleme interessieren. Aber es gibt inzwischen schon zu viel, das ich nicht akzeptieren, womit ich mich nicht einverstanden erklären kann. Die ewige Leier von »Terrorismus«, »politischer Knechtschaft des Volkes«, »flügellahmem sozialem Dahinvegetieren«, »unserer geistigen Sklaverei«, »allgemeiner Furcht« und von dem »Überhandnehmen der Lumpen an der Macht«! Oft wird die Geschichte der Übergangsperiode zum Sozialismus in unserem Land nur noch mit solchen Begriffen beschrieben. Deshalb ist es auch gar nicht erstaunlich, wenn zum Beispiel bei einem Teil der Studenten nihilistische Stimmungen um sich greifen, ein Wirrwarr der Ideen entsteht, eine Verschiebung der politischen Leitbilder vor sich geht und in ideologischen Fragen Undifferenziertheit auftritt. Von manchen kann man auch die Forderung hören, es sei an der Zeit, die Kommunisten zur Verantwortung zu ziehen, die das Leben des Landes nach 1917 angeblich »inhuman gemacht« haben.

Auf dem Plenum des ZK im Februar ist erneut unterstrichen worden, wie dringend notwendig es ist, daß die Jugend lernt, die Welt vom Klassenstandpunkt aus zu betrachten und die Verbindung zwischen den allgemeinmenschlichen und den Klasseninteressen zu begreifen, und dabei auch den Klassencharakter der in unserem Lande vor sich gehenden Veränderungen. Diese Sicht auf Geschichte und Gegenwart ist unvereinbar mit den politischen Witzen, dem Klatsch und Tratsch und den Geistreicheleien, die man heute nicht selten hören kann.

Wieder und wieder lese ich die Artikel, die in aller Munde sind, und ich frage mich: Was außer Desorientierung können zum Beispiel die Offenbarungen über die »Konterrevolution in der UdSSR in den 30er Jahren« oder über die »Schuld« Stalins an der Machtergreifung des Faschismus und Hitlers in Deutschland für die Jugend bringen? Oder die öffentliche »Zählung« der »Stalinisten« unter den Angehörigen der verschiedenen Generationen und sozialen Gruppen.

Wir sind Leningrader und haben uns deshalb vor kurzem den guten Dokumentarfilm über S. M. Kirow mit besonderem Interesse angesehen. Doch der Text zu den Aufnahmen stand an manchen Stellen nicht nur nicht im Einklang mit den Bilddokumenten, sondern verlieh diesen auch eine gewisse Doppeldeutigkeit. Ich meine zum Beispiel: Die Aufnahmen zeigen den Enthusiasmus, die Lebensfreude und die Hochstimmung von Menschen, die den Sozialismus aufbauen, und der Sprecher berichtet dazu von Repressalien und Uninformiertheit.

Sicher ist nicht nur mir aufgefallen, daß die Aufrufe von führenden Funktionären der Partei, die »Entlarver« sollten ihre Aufmerksamkeit auch den realen Errungenschaften in den verschiedenen Etappen des sozialistischen Aufbaus zuwenden, wie auf Kommando immer neue und neue Ausbrüche an »Enthüllungen« bewirken. Eine nicht zu übersehende Erscheinung auf diesem so unfruchtbaren Feld sind die Stücke von M. Schatrow. Am Eröffnungstag des XXVI. Parteitags sah ich das Schauspiel »Blaue Pferde auf rotem Gras«. Ich erinnere mich noch gut daran, wie überdreht die Studenten auf die Szene reagierten, in der Lenins Sekretärin versucht, ihm mit dem Teekessel Wasser über den Kopf zu gießen, weil sie ihn mit einem noch unvollendeten Tonmodell einer Skulptur verwechselt. Einige Jugendliche hatten übrigens zu der Vorstellung eigens zuvor angefertigte Transparente mitgebracht, die im Grunde bezweckten, unsere Vergangenheit und Gegenwart mit Schmutz zu bewerfen. Im »Brester Frieden« kniet Lenin nach dem Willen von Autor und Regisseur vor Trotzki nieder – eine Art symbolische Umsetzung der Konzeption des Autors. Diese wird in »Weiter, weiter, weiter« fortgeführt. Natürlich ist ein Schauspiel keine historische Abhandlung. Und doch wird auch in einem künstlerischen Werk die Wahrheit durch nichts anderes gewährleistet als durch die Position des Autors. Das trifft besonders auf das politische Theater zu.

Die Position des Dramatikers Schatrow ist ausführlich in den von Historikern verfaßten und in »Prawda« und »Sowjetskaja Rossija« veröffentlichten Besprechungen analysiert und belegt worden. Ich möchte auch meine eigene Meinung dazu sagen. So muß man zustimmen, daß sich Schatrow beträchtlich von den anerkannten Prinzipien des sozialistischen Realismus entfernt. Bei der Darstellung einer entscheidenden Periode in der Geschichte unseres Landes stellt er den subjektiven Faktor der gesellschaftlichen Entwicklung als ausschlaggebend hin, ignoriert die objektiven historischen Gesetzmäßigkeiten, die in den Aktivitäten der Klassen und Massen zum Ausdruck kommen. Die Rolle der proletarischen Massen und der Partei der Bolschewiki ist bei Schatrow darauf reduziert, den Hintergrund abzugeben, vor dem sich die Aktionen verantwortungsloser Politikaster abspielen.

Die Rezensenten stützten sich auf die marxistisch-leninistische Methodologie der Untersuchung konkreter historischer Prozesse und legten überzeugend dar, daß Schatrow die Geschichte des Sozialismus in unserem Land entstellt. Stein des Anstoßes ist für ihn der Staat der Diktatur des Proletariats, ohne dessen historische Leistung es heute nichts zum Umgestalten gäbe. Ferner beschuldigt der Autor Stalin, für die Ermordung Trotzkis und Kirows verantwortlich zu sein und den kranken Lenin kaltgestellt zu haben. Aber lassen sich etwa solche Beschuldigungen historischer Persönlichkeiten erheben, ohne daß man sich im mindesten um Beweise kümmert?

Bedauerlicherweise ist es den Rezensenten nicht gelungen darzustellen, daß der Autor bei all seinen künstlerischen Ambitionen keineswegs originell ist. Mir scheint, die Logik seiner Urteile und Argumente erinnert sehr an ein 1935 in Paris erschienenes Buch von B. Suwarin. Schatrow legt den handelnden Personen seines Stücks in den Mund, was die Gegner des Leninismus über den Verlauf der Revolution, die Rolle Lenins in der Revolution sowie über die Beziehungen zwischen den Mitgliedern des ZK in den verschiedenen Etappen des innerparteilichen Kampfes behaupteten. Das ist das Eigentliche an Schatrows »neuer Lenin-Interpretation«. Ich möchte hinzufügen, daß auch der Autor der »Kinder des Arbat«,

A. Rybakow, unumwunden zugegeben hat, einzelne Sujets aus Emigrantenpublikationen übernommen zu haben.

Ich hatte Schatrows Stück »Weiter, weiter, weiter« noch nicht lesen können (es war noch nicht veröffentlicht), da fand ich in einigen Publikationen schon lobendes Echo darauf. Was konnte diese Hast bedeuten? Dann erfuhr ich, daß schon mit Volldampf an der Inszenierung des Stücks gearbeitet wurde.

Kurz nach dem Plenum im Februar wurde in der »Prawda« ein von acht führenden Theaterleuten verfaßter Brief mit der Überschrift »Alles wieder von vorn?« abgedruckt. Seine Autoren warnen vor Verzögerungen bei der Inszenierung des jüngsten Stückes von Schatrow, die ihrer Meinung nach angesichts der in der Presse erschienenen kritischen Bewertungen möglich sein könnten. Aus irgendeinem Grund zählen die Unterzeichner des Briefes die Verfasser kritischer Rezensionen nicht zu denen, »denen das Vaterland teuer ist«. Wie verträgt sich denn das mit ihrem Wunsch, die Probleme unserer ferneren und näheren Geschichte sollten »stürmisch und leidenschaftlich« diskutiert werden? Denken sie, daß nur ihnen eine eigene Meinung gestattet ist?

In den vielen Diskussionen, die heute zu buchstäblich allen gesellschaftlichen Fragen geführt werden, interessieren mich als Hochschullehrerin vor allem die Dinge, die von unmittelbarem Einfluß auf die ideologische und politische Erziehung der Jugend, auf ihre Moral und ihren gesellschaftlichen Optimismus sind. Bei meinen Gesprächen mit den Studenten über aktuelle Probleme komme ich unwillkürlich zu dem Schluß, daß sich bei uns nicht wenige Verzerrungen und einseitige Betrachtungsweisen angehäuft haben, die wirklich zurechtgerückt werden müssen. Auf einiges möchte ich näher eingehen.

Nehmen wir den Platz J. W. Stalins in der Geschichte unseres Landes. Gerade an seinem Namen entzündet sich der ganze Eifer der kritischen Attacken. Nach meiner Meinung gilt er gar nicht so sehr dieser historischen Figur, als vielmehr der ganzen höchst komplizierten Übergangsperiode, einer Epoche, die beispiellose Großtaten einer ganzen Generation sowjetischer Menschen gesehen hat, die heute allmählich aus dem Arbeitsleben und aus der aktiveren gesellschaftlichen und politischen Tätigkeit ausscheiden. In den Begriff »Personenkult« werden mit Gewalt auch die Industrialisierung, die Kollektivierung und die kulturelle Revolution hineingezwängt, die unser Land eine Weltmacht werden ließen. Jetzt wird das alles in Zweifel gezogen. Es ist so weit gekommen, daß von den »Stalinisten« (und zu ihnen kann man zählen, wen man will) »Reue« verlangt wird. Romane und Filme, die die Epoche des Sturms und Drangs als »Völkertragödie« darstellen, werden über den grünen Klee gelobt.

Ich möchte nicht versäumen klarzustellen, daß weder ich noch irgend jemand sonst in meiner Familie irgend etwas mit Stalin, seiner Umgebung oder seinen Vertrauten und Anbetern zu tun hatten. Mein Vater war Arbeiter im Leningrader Hafen, meine Mutter Schlosser im Kirow-Werk, wo auch mein älterer Bruder arbeitete. Mein Bruder, mein Vater und meine Schwester sind im Kampf gegen die Hitlerfaschisten gefallen. Einer meiner Verwandten war von den Repressalien betroffen und ist nach dem XX. Parteitag rehabilitiert worden. Ich teile den Zorn und die Empörung aller sowjetischen Menschen über die von der damaligen Partei- und Staatsführung verschuldeten Massenrepressalien der 30er und 40er Jahre. Aber mein gesunder Menschenverstand wehrt sich energisch gegen die einseitige Darstellung jener widerspruchsvollen Ereignisse, die jetzt in manchen unserer Presseorgane überhandnehmen.

Ich unterstütze den Appell der Partei, Ehre und Würde der Pioniere des Sozialismus wiederherzustellen. Ich denke, daß wir von diesen parteilichen und klassenmäßigen Positionen aus auch die historische Rolle aller führenden Persönlichkeiten von Partei und Staat, auch die Stalins, beurteilen müssen. Dann aber darf man die Sache nicht auf den »Hofstaat« oder auf abstraktes Moralisieren von Leuten reduzieren, die eine große Distanz sowohl von jenen schlimmen Zeiten als auch von den Menschen trennt, deren Los es war, damals zu leben und zu arbeiten. Die so arbeiteten, daß es noch heute für uns ein inspirierendes Beispiel ist.

Für mich wie für viele andere spielen bei der Beurteilung Stalins die unverfälschten Zeugenaussagen derjenigen seiner Zeitgenossen die entscheidende Rolle, die mit ihm direkt zusammengetroffen sind, und zwar sowohl auf unserer Seite der Barrikade wie auch auf der anderen. Gerade letztere sind durchaus von Interesse. Nehmen wir nur Churchill, der sich 1919 mit seinem persönlichen Anteil am Zustandekommen der militärischen Interventionen brüstete, die 14 Staaten gegen die junge Sowjetrepublik unternahmen, und der sich genau 40 Jahre später veranlaßt sah, Stalin, einen seiner größten politischen Gegner, mit folgenden Worten zu charakterisieren:

»Er war eine herausragende Persönlichkeit, die in unserer rauhen Zeit, in der Periode, in der sein Leben verlief, imponierte. Stalin war ein außergewöhnlich energischer, belesener und äußerst willensstarker Mann, heftig, schroff, schonungslos in der Sache wie im Gespräch, dem selbst ich, der ich im englischen Parlament großgeworden bin, nichts entgegenzusetzen vermochte . . . In seinen Werken spürte man eine hünenhafte Kraft. Stalins Kraft war so groß, daß er unter den Führern aller Völker und Zeiten nicht seinesgleichen kennt . . . Die Menschen konnten seinem Einfluß nicht widerstehen. Als er den Raum der Konferenz von Jalta betrat, erhoben wir uns alle, buchstäblich wie auf Kommando. Und, so seltsam es ist, wir legten die Hände an die Hosennaht. Stalin besaß einen tiefschürfenden, gründlichen und logischen Verstand. Er war ein unübertroffener Meister darin, in schweren Momenten einen Ausweg aus der ausweglosesten Lage zu finden . . . Er war ein Mann, der seinen Feind mit den Händen seiner Feinde vernichtete, der uns, die er offen Imperialisten nannte, zwang, gegen Imperialisten zu kämpfen. Er übernahm das Rußland des Hakenpflugs und hinterließ es im Besitze der Atomwaffe.« Mit Heuchelei oder politischem Opportunismus läßt sich diese anerkennende Beurteilung aus der Feder eines wahren Wächters des Britischen Imperiums nicht erklären.

Die Hauptelemente dieser Charakterisierung finden sich auch in den Memoiren de Gaulles und in den Erinnerungen und Briefen weiterer europäischer und amerikanischer Politiker, die mit Stalin als militärischen Bundesgenossen und als Klassengegner zu tun hatten.

Aussagekräftigen und ernst zu nehmenden Stoff für die Erörterung dieser Frage liefern sowjetische Dokumente, die überdies jedem, der es will, zur Verfügung stehen. Man nehme nur die zwei Bände »Briefwechsel des Vorsitzenden des Ministerrates der UdSSR mit dem Präsidenten der USA und dem Premierminister Großbritanniens während des Großen Vaterländischen Krieges 1941–1945«, erschienen bereits 1957 im Verlag »Politisdat«. Die darin wiedergegebenen Dokumente rufen Stolz auf unseren Staat, auf seinen Platz und seine Rolle in einer stürmischen, sich verändernden Welt hervor. Man entsinne sich des Bandes mit den Vorträgen, Reden und Befehlen Stalins aus den Kriegsjahren, mit denen die heroische Generation der Bezwinger des Faschismus erzogen wurde. Dieses Buch kann durchaus unter Einbeziehung von Dokumenten, die damals geheim waren, wie der dramatische Befehl Nr. 227, neu aufgelegt werden, wozu übrigens manche Historiker drängen. Alle diese Dokumente sind der heutigen Jugend unbekannt. Besonders wichtig für die Formung des Geschichtsbewußtseins sind die Memoiren der Heerführer Shukow, Wassilewski, Golowanow und Schtemenko sowie des Flugzeugkonstrukteurs Jakowlew, die den Oberbefehlshaber nicht nur vom Hörensagen kannten.

Man kann sagen, was man will, es waren sehr harte Zeiten damals. Aber wahr ist auch, daß damals bis zur Askese gehende persönliche Bescheidenheit noch keine Schande war und daß potentielle Sowjetmillionäre noch Bedenken haben mußten, sich aus der Stille ihrer Kontore und Auslieferungslager hervorzuwagen. Außerdem waren wir damals nicht so geschäftstüchtig und pragmatisch und brachten der Jugend nicht die Raffinessen des Konsums der von ihren Eltern erarbeiteten Güter bei, sondern erzogen sie zur Arbeit und zur Verteidigung, und wir zerstörten die geistige Welt der Jugendlichen nicht mit fremdem Luxus von »draußen«und mit primitiven Produkten der Massenkultur.

Aus langen, offenen Gesprächen mit jungen Leuten ziehen wir den Schluß, daß die Angriffe auf den Staat der Diktatur des Proletariats und die damaligen führenden Personen unseres Landes nicht nur politische, ideologische und ethische Ursachen, sondern auch sozialen Nährboden haben. Es gibt nicht wenige, die Interesse daran haben, den Brückenkopf für diese Attacken zu vergrößern, und zwar nicht nur jenseits unserer Grenzen. Neben den professionellen Antikommunisten im Westen, die sich schon lange der vorgeblich demokratischen Losung des »Antistalinismus« bedienen, leben und gedeihen auch noch Nachkommen der von der Oktoberrevolution gestürzten Klassen, die längst nicht alle vergessen haben, was ihre Vorfahren an materiellen und sozialen Gütern aufgeben mußten. Hierzu gehören auch die geistigen Erben von Dan und Martow und Konsorten aus dem Ressort der russischen Sozialdemokratie, die geistigen Nachfolger Trotzkis oder Jagodas, die über den Sozialismus verärgerten Abkömmlinge von NÖP-Leuten, Basmatschen und Kulaken.

Jede historische Persönlichkeit wird bekanntlich von den konkreten sozialökonomischen und politisch-ideologischen Bedingungen geformt, die bestimmenden Einfluß auf die subjektiv-objektive Auswahl der Anwärter haben, welche diese oder jene gesellschaftlichen Probleme zu lösen berufen sind. Einmal in den Vordergrund der Geschichte gerückt, muß ein solcher Prätendent, um sich »über Wasser zu halten«, den Erfordernissen der Epoche und den führenden sozialen und politischen Strukturen gerecht werden, mit seinem Wirken die objektiven Gesetzmäßigkeiten durchsetzen, womit er unvermeidlich den Abdruck seiner Persönlichkeit in den historischen Ereignissen hinterläßt. Es ist doch so, daß sich beispielsweise heute kaum noch jemand Gedanken über die persönlichen Eigenschaften Peters des Großen macht, aber jeder weiß, daß das Land unter seiner Herrschaft zu einer europäischen Großmacht wurde. Die Zeit hat bewirkt, daß sich das herauskristallisierte, was sich jetzt in der Bewertung der historischen Person des Imperators Peter findet. Ständig neue Blumen auf seinem Sarkophag in der Kathedrale der Peter-Pauls-Festung sind Beweis für die Hochachtung und Dankbarkeit unserer, der Zarenherrschaft so fern stehenden Zeitgenossen.

Ich meine, wie widersprüchlich in sich und wie kompliziert die eine oder andere Figur der sowjetischen Geschichte auch sein mag, ihre wirkliche Rolle beim Aufbau und bei der Verteidigung des Sozialismus wird früher oder später eine objektive und eindeutige Bewertung finden. »Eindeutig« selbstverständlich nicht im Sinne von einseitiger, schönfärberischer oder eklektizistischer Addition widersprüchlicher Erscheinungen, die es möglich macht, mit Verleumdungen Subjektivismus jeder Art in die Welt zu setzen, »Verzeihung« zu gewähren oder zu versagen, einen Platz in der Geschichte abzuerkennen oder anzuerkennen. »Eindeutig« meint vor allem eine konkret historische, nicht von Augenblickserwägungen beeinflußte Beurteilung, in der – und zwar gemäß dem historischen Resultat – die Dialektik der Entsprechung zwischen dem Wirken einer Persönlichkeit und den Grundgesetzen der gesellschaftlichen Entwicklung zum Ausdruck kommt. In unserem Land waren diese Gesetze auch mit der Beantwortung der Frage »Wer wen« – in innerer und internationaler Hinsicht – verknüpft. Wenn wir uns der marxistisch-leninistischen Methode für die historische Forschung bedienen, muß man, wie Michail Gorbatschow sagte, vor allem klar aufzeigen, wie die Millionen Menschen lebten und arbeiteten, woran sie glaubten, wie sich Siege und Mißerfolge, Neuanfänge und Fehler, Lichtes und Tragisches, der revolutionäre Enthusiasmus der Massen und Verletzungen der sozialistischen Gesetzlichkeit und zuweilen auch Verbrechen miteinander verbanden.

Ich habe nicht den geringsten Zweifel daran, daß bei der Beurteilung des Wirkens Stalins nach wie vor der Beschluß des ZK der Partei von 1956 über die Überwindung des Personenkults und seiner Folgen sowie das Referat des Generalsekretärs des ZK zum 70. Jahrestag der Großen Sozialistischen Oktoberrevolution die wissenschaftliche Orientierung geben.

Kürzlich verblüffte mich eine meiner Studentinnen mit der Eröffnung, daß Klassenkampf doch ein antiquierter Begriff sei, genauso wie die führende Rolle des Proletariats. Das ginge noch an, wenn sie mit ihrer Behauptung die einzige wäre. Eine heftige Diskussion löste zum Beispiel die unlängst aufgestellte Behauptung eines angesehenen Akademiemitglieds aus, die jetzigen Beziehungen zwischen den Staaten der beiden unterschiedlichen sozialökonomischen Systeme entbehrten des Klasseninhalts. Ich nehme an, der Autor hielt es nicht für erforderlich zu erklären, warum er jahrzehntelang das ganze Gegenteil vertreten hat, nämlich, daß friedliche Koexistenz nichts anderes ist als eine Form des Klassenkampfes in der internationalen Arena. Wie sich zeigt, hat sich der Philosoph davon jetzt losgesagt. Es kommt ja vor, daß sich Ansichten ändern. Nach meinem Verständnis allerdings gebietet es die Pflicht einem führenden Philosophen durchaus, wenigstens denjenigen zu erklären, die an Hand seiner Bücher lernten und lernen, ob heute etwa die internationale Arbeiterklasse nicht mehr dem internationalen Kapital in Gestalt seiner staatlichen und politischen Organe gegenübersteht.

Viele der jetzigen Diskussionen drehen sich, wie ich es sehe, um die Frage, welche Klasse oder Schicht der Gesellschaft bei uns die führende und mobilisierende Kraft der Umgestaltung ist. Beispielsweise spielte das auch in einem Interview unserer lokalen Zeitung »Leningradski Rabotschi« mit dem Schriftsteller A. Prochanow eine Rolle. Prochanow ging davon aus, daß das Spezifische im heutigen Zustand des gellschaftlichen Bewußtseins das Vorhandensein von zwei ideologischen Strömungen sei, zweier »alternativer Türme«, wie er es nennt, die von zwei Richtungen aus versuchen, den »in Kämpfen erbauten Sozialismus« in unserem Land zu überwinden. Der Schriftsteller überschätzt zwar Bedeutung und Schärfe des Widerstreits zwischen diesen »Türmen«, doch er unterstreicht ganz richtig, daß »sie sich nur darin gleichen, daß sie beide auf die sozialistischen Werte einschlagen«. Doch stehen beide, wie ihre Ideologen versichern, hinter der Umgestaltung.

Die erste und auch größere dieser ideologischen Strömungen, die sich im Verlauf der Umgestaltung schon hervorgetan hat, verficht das Modell einer Art von linksliberalem Intelligenzlersozialismus, der Träger des reinsten und von Klassenschichtung »freien« Humanismus sei. Seine Anhänger stellen dem proletarischen Kollektivismus den »Selbstwert der Persönlichkeit« entgegen –

mit modernistischen Etüden in der Kultur, Tendenzen von Gottessucherei, technokratischen Idolen, dem Anpreisen der »demokratischen« Attraktionen des modernen Kapitalismus und Kniefällen vor seinen wirklichen und seinen angeblichen Erfolgen. Die Vertreter dieser Strömung behaupten, wir hätten nicht den richtigen Sozialismus aufgebaut, und es käme jetzt »zum erstenmal in der Geschichte ein Bündnis zwischen politischer Führung und progressiver Intelligenz zustande«. Zu einer Zeit, da in der Welt durch Hunger, Epidemien und die Kriegsabenteuer des Imperialismus Millionen Menschen umkommen, fordern sie die unverzügliche Ausarbeitung eines »Gesetzeswerkes über den Tierschutz«, statten sie die Natur mit einer seltsamen höheren Vernunft aus und behaupten, Intelligenz sei nicht eine soziale, sondern eine biologische Eigenschaft, die den Kindern von den Eltern vererbt wird. Ich möchte wissen, was das alles bedeuten soll.

Gerade die Anhänger des »linksliberalen Sozialismus« entwickeln die Tendenz der Fälschung der Geschichte des Sozialismus. Sie wollen uns einreden, daß in der Vergangenheit unseres Landes nur die Fehler und Verbrechen Realität sind, und verschweigen dabei die großartigen Errungenschaften der Vergangenheit und Gegenwart. Mit dem Anspruch, der Hort der historischen Wahrheit zu sein, ersetzen sie die sozialen und politischen Entwicklungskriterien der Gesellschaft durch eine Scholastik ethischer Kategorien. Ich würde sehr gern verstehen, für wen und wozu es von Nutzen ist, wenn jeder führende Repräsentant des ZK der Partei und der sowjetischen Regierung, sobald er nicht mehr im Amt ist, wegen wirklicher und angeblicher Fehler und Irrtümer, die er bei der Lösung der doch so komplizierten Probleme auf historischem Neuland gemacht hat, kompromittiert und diskreditiert wird. Woher kommt bei uns nur diese Passion, Ansehen und Würde der führenden Persönlichkeiten des ersten Landes des Sozialismus in der Welt wie eine billige Ware zu verschleudern?

Eine andere Besonderheit in den Ansichten der »Linksliberalen« ist deren offene oder getarnte kosmopolitische Tendenz, ein gewisser nichtnationaler »Internationalismus«. Ich habe irgendwo gelesen, daß nach der Revolution in den Petrograder Sowjet einmal eine Abordnung von Händlern und Fabrikbesitzern zu Trotzki »als zu einem Mitjuden« kam, um sich über die Rotgardisten zu beschweren, und daß Trotzki ihnen erklärte, er sei »nicht Jude, sondern Internationalist«, was die Leute völlig verblüfft habe.

Der Begriff »Nationales« stand bei Trotzki, verglichen mit dem des »Internationalen«, für eine gewisse Minderwertigkeit und Beschränktheit. Deshalb unterstrich er die »nationale Tradition« des Oktobers, schrieb er über das »Nationale in Lenin« und behauptete, das russische Volk habe »keinerlei kulturelles Erbe empfangen« usw. Aus irgendeinem Grunde genieren wir uns festzustellen, daß es gerade das von Trotzkisten als »zurückgeblieben und kulturlos« geschmähte Proletariat war, das nach den Worten Lenins »drei russische Revolutionen« vollbrachte, und daß gerade die slawischen Völker in der Schlacht gegen den Faschismus an vorderster Front standen.

Natürlich soll das Gesagte in keiner Weise die historische Leistung der anderen Nationen und Völkerschaften schmälern. Es dient nur, wie es heute heißt, der Vollständigkeit der historischen Wahrheit. Wenn mich Studenten fragen, wie es geschehen konnte, daß Tausende Dörfer des Nichtschwarzerdegebiets und Sibiriens verödeten, antwortete ich, daß das ebenfalls zu dem hohen Preis für den Sieg und den Wiederaufbau der Volkswirtschaft nach dem Kriege gehört, ebenso wie der unersetzliche Verlust vieler Denkmäler der russischen Nationalkultur. Ich bin überzeugt, daß aus einer Geringschätzung des Geschichtsbewußtseins pazifistische Aufweichung des Verteidigungswillens und des patriotischen Bewußtseins hervorgeht, so wie auch die Bestrebungen, die geringsten Äußerungen von Nationalstolz der Großrussen als Großmachtchauvinismus abzustempeln.

Noch eines beunruhigt mich: Mit dem militanten Kosmopolitismus geht heute ein Sich-Lossagen vom Sozialismus einher. Bedauerlicherweise geht uns das immer nur dann auf, wenn uns die Neubekehrten dieses Kosmopolitismus mit Randaliererereien vor dem Smolny oder an den Kremlmauern ins Auge fallen. Überdies will man so uns nach und nach beibringen, in dieser Erscheinung gewissermaßen einen beinahe harmlosen Standortwechsel zu sehen, statt eines Verrats an der Klasse und an der Nation durch Personen, die in der Mehrzahl auf Kosten des Volkes Hochschulen besuchen und in den Genuß von Aspiranturen kommen konnten. Überhaupt ist mancher geneigt, das »Sich-Lossagen« quasi als Ausdrucksform von »Demokratie« und »Menschenrechten« zu betrachten, die vom »erstarrten Sozialismus« an ihrer Entfaltung gehindert wurden. Wenn aber auch dort, in der »freien Welt«, brodelnder Unternehmungsgeist und »Genialität« nicht geschätzt sind und der Verkauf des Gewissens für die Geheimdienste nicht von Interesse ist, kann man zurückkehren ...

Bekanntlich bezeichneten K. Marx und F. Engels ganze Nationen in Abhängigkeit von deren konkreter historischer Rolle in bestimmten Etappen ihrer Geschichte als »konterrevolutionär«, ich betone, nicht Klassen und nicht Stände, sondern Nationen. Auf der Basis des Klassenstandpunkts scheuten sie sich nicht, eine Reihe Nationen kritisch zu charakterisieren, darunter die Russen, die Polen und auch jene Nationalität, der sie selbst angehörten. Die Begründer der wissenschaftlichen Weltanschauung des Proletariats mahnen uns gewissermaßen, daß in der brüderlichen Völkergemeinschaft der Sowjetunion jede Nation und jede Völkerschaft »von Jugend auf die Ehre wahren muß und sich nicht zu nationalistischen und chauvinistischen Stimmungen provozieren lassen darf. Nationalstolz und nationale Würde eines jeden Volkes müssen organisch verschmelzen mit dem Internationalismus einer einheitlichen sozialistischen Gesellschaft.

Während sich die »Neoliberalen« auf den Westen orientieren, ist ein anderer »alternativer Turm«, um bei Prochanow zu bleiben, die »Beschützer und Traditionalisten«, bestrebt, »den Sozialismus durch Rückwärtsbewegungen zu überwinden«. Anders ausgedrückt, man will zu den gesellschaftlichen Formen des vorsozialistischen Rußlands zurückkehren. Dic Vertreter dieses spezifischen »bäuerlichen Sozialismus« sind von diesem Bild wie verzaubert. Ihrer Ansicht nach gingen vor hundert Jahren die in der dunstigen Finsternis der Jahrhunderte bäuerlicher Gemeinschaft zusammengetragenen moralischen Werte verloren. Die »Traditionalisten« haben unbestreitbare Verdienste bei der Entlarvung von Korruption, bei einer gerechten Lösung ökologischer Probleme, bei der Bekämpfung des Alkoholmißbrauchs, beim Schutz historischer Denkmäler, in der Auseinandersetzung mit der Übermacht der Massenkultur, die sie zu Recht als Konsumtionspsychose werten ...

Gleichzeitig stößt man in den Ansichten der Ideologen eines »bäuerlichen Sozialismus« auf Unverständnis für die historische Bedeutung der Oktoberrevolution für das Schicksal unseres Vaterlandes, auf eine einseitige Bewertung der Kollektivierung als »schreckliche Willkür gegenüber der Bauernschaft«, auf unkritische Ansichten über die religiös-mystische russische Philosophie, auf die alte zaristische Geschichtskonzeption und auf die Weigerung, die nachrevolutionäre Spaltung der Bauernschaft sowie die revolutionäre Rolle der Arbeiterklasse anzuerkennen.

Im Klassenkampf auf dem Lande beispielsweise fallen hier die »Dorf-Kommissare« besonders auf, die den »Mittelbauern in den Rücken schossen«. In unserem von der Revolution wachgerüttelten riesigen Land gab es natürlich Kommissare verschiedener Art. Der Hauptweg unseres Lebens wurde jedoch von jenen Kommissaren bereitet, auf die geschossen wurde. Sie waren es, denen man Sterne in die Haut schnitt, die man bei lebendigem Leibe verbrannte. Die »attackierende Klasse« mußte nicht nur das Leben von Kommissaren, Tschekisten, Dorfbolschewiken und Mitgliedern der Komitees der Dorfarmut opfern, sondern auch das der ersten Traktoristen, Dorfkorrespondenten, Junglehrerinnen, Komsomolzen vom Lande und von Zehntausenden anderen namenlosen Kämpfern für den Sozialismus.

Die Erziehung der Jugend ist auch deshalb komplizierter geworden, weil im Fahrwasser der Ideen der »Neoliberalen« und »Neoslawophilen« informelle Organisationen und Vereinigungen gegründet werden. Es kommt vor, daß in deren Führung extremistische, zu Provokationen fähige Elemente die Oberhand gewinnen. In letzter Zeit ist eine Politisierung dieser informellen Organisation zu beobachten, die auf einem bei weitem nicht sozialistischen Pluralismus fußt. Nicht selten reden die Anführer dieser Organisationen von einer »Teilung der Gewalten« auf der Basis eines »parlamentarischen Regimes«, von »freien Gewerkschaften«, »autonomen Verlagen« u. a. m. Dies alles erlaubt meiner Meinung nach den Schluß, daß die Hauptfrage unserer gegenwärtigen Diskussionen darauf hinausläuft, ob man die führende Rolle der Partei und der Arbeiterklasse beim sozialistischen Aufbau, also auch bei der Umgestaltung, anerkennt oder nicht anerkennt. Selbstverständlich mit allen sich hieraus ergebenden theoretischen und praktischen Schlußfolgerungen für Politik, Wirtschaft und Ideologie.

Aus diesem Schlüsselproblem der gesellschaftlichen und historischen Weltanschauung leitet sich auch die Frage nach der Rolle der sozialistischen Ideologie bei der geistigen Entwicklung der sowjetischen Gesellschaft ab. Diese Frage beschrieb übrigens K. Kautsky bereits Ende 1917 aphoristisch, als er in einer seiner der Oktoberrevolution gewidmeten Broschüren erklärte, daß sich der Sozialismus durch eiserne Planmäßigkeit und Disziplin in der Wirtschaft sowie durch Anarchie in der Ideologie und im geistigen Leben auszeichne. Dies löste bei den Menschewiki, Sozialrevolutionären und anderen kleinbürgerlichen Ideologen Jubel aus, stieß jedoch bei Lenin und seinen Mitstreitern auf entschiedene Ablehnung. Letztere verteidigten, wie man damals sagte, die »Kommandohöhen« der wissenschaftlichen Ideologie des Proletariats.

Erinnern wir uns: Als sich W. I. Lenin mit den Manipulationen des damals populären Soziologen Pitirim Sorokin mit der Statistik der Scheidungen unter den Einwohnern Petrograds und mit den Religionsbewahrungsschriften des Professors Wipper (die übrigens im Vergleich zu den bei uns heute gedruckten absolut naiv erscheinen) konfrontiert sah, erklärte er das Erscheinen ihrer Publikationen mit der Unerfahrenheit der damaligen Mitarbeiter der Massenmedien und konstatierte: »Die Arbeiterklasse Rußlands hat es verstanden, die Macht zu erringen, aber sie zu gebrauchen hat sie noch nicht gelernt.« Andernfalls, stellt Wladimir Iljitsch fest, hätte das revolutionäre Proletariat diese Professoren und Schriftsteller, die für die Erziehung der Massen »nicht mehr taugen als notorische Schänder für die Rolle von Aufsehern in Lehranstalten für Minderjährige«, »zuvorkommend« aus dem Land »befördert«. Im übrigen kehrten von den 164 Ende 1922 entsprechend einer Liste des Zentral-Exekutivkomitees der UdSSR Verbannten später viele wieder zurück und dienten treu ihrem Volk, und unter ihnen befand sich auch Professor Wipper.

Wie es scheint, sind Rolle und Platz der sozialistischen Ideologie heute eine sehr akute Frage geworden. Die Verfasser der im Geiste einer moralischen und geistigen »Säuberung« gehaltenen opportunistischen Machwerke verwischen, mit der Offenheit manipulierend, die Grenzen und Kriterien der wissenschaftlichen Ideologie und suchen einen nichtsozialistischen Pluralismus durchzusetzen, wodurch objektiv die Umgestaltung im gesellschaftlichen Bewußtsein gehemmt wird. Besonders schlimm wirkt sich das auf die Jugend aus, was – ich wiederhole – wir Hochschullehrer, Schullehrer und alle, die mit Jugendproblemen befaßt sind, besonders deutlich spüren. Michail Gorbatschow sagte auf dem Februar-Plenum des ZK der KPdSU: »Wir müssen uns auch auf geistigem Gebiet – und vielleicht in erster Linie gerade hier – in unserem Handeln von unseren, den marxistisch-leninistischen Prinzipien leiten lassen. Prinzipien, Genossen, dürfen wir unter keinerlei Vorwänden preisgeben.«

Das ist unsere Position, an der wir festhalten werden. Die Prinzipien sind uns nicht in den Schoß gefallen, sondern auf den steilen und verschlungenen Pfaden der Geschichte unseres Vaterlandes von uns unter Qualen erkämpft worden.

Quelle: »Neues Deutschland«, 2./3. April 1988; »Unsere Zeit«, 11. April 1988

# Vor der 19. Unionskonferenz der KPdSU
# Grundsätze der Umgestaltung: Revolutionäres Denken und revolutionäre Handlungsweise

*Artikel der »Prawda« vom 5. April 1988*

Das April-Plenum des ZK unserer Partei (1985) leitete eine neue Etappe der sozialistischen Entwicklung ein, die auf eine qualitative Erneuerung der sowjetischen Gesellschaft, auf Umgestaltung abzielt.

Als diese ihrem Wesen nach revolutionäre und ihren Ausmaßen nach beispiellose Arbeit in Angriff genommen wurde, erkannte bei weitem nicht jeder ihrer Teilnehmer alle Schwierigkeiten, die uns auf dem gewählten Weg erwarteten. Eins stand jedoch fest: So wie früher konnte man nicht mehr leben. Das Tempo der Vorwärtsbewegung des Landes ließ nach, es häuften sich ungelöste Probleme, es machten sich Elemente der sozialen Korrosion bemerkbar, es traten dem Sozialismus wesensfremde Tendenzen in Erscheinung. Das alles führte zu Stagnation, zu Vorkrisenanzeichen.

Die von der Partei geleistete analytische Arbeit, die Erörterung ihrer Ergebnisse auf dem 27. Parteitag der KPdSU und die Parteitagsbeschlüsse, das fortschrittliche sozialpolitische Denken – das alles zeigte eindeutig: Auf allen Gebieten sind neue Verhaltensweisen erforderlich. In der Wirtschaft und im sozialen Bereich, in der Leitung der Wirtschaft und des gesellschaftlichen Lebens, im geistigen Bereich und bei der Stimulierung von Aktivitäten und Initiativen der Werktätigen. Nur so kann man das, was durch die Arbeit und den Heldenmut der früheren Generationen errungen wurde, behaupten. Nur so kann man der Entwicklung unserer sozialistischen Gesellschaft einen neuen Impuls geben.

Die Schlußfolgerung der Partei und des Volkes, aller, die sich um das Land, um den Sozialismus, um unsere gemeinsame Zukunft aufrichtig Sorgen machen, war einmütig: Es gibt keine Alternative zu der Umgestaltung. Verzicht auf die Umgestaltung, sogar ihre Verschiebung können sowohl für die innere Entwicklung unserer Gesellschaft als auch für die internationale Stellung des Sowjetstaates und des Sozialismus insgesamt die schlimmsten Folgen haben. Diese reale Wahrheit wurde frank und frei anhand von Zahlen und Tatsachen ausgesprochen.

Nun sind drei Jahre vergangen. In diesen Jahren ist manches geschehen. Es wurden das Konzept, die Strategie und die Taktik der Umgestaltung ausgearbeitet, ihre revolutionären Grundsätze exakt festgelegt: mehr Demokratie, mehr Sozialismus. Die Umgestaltung ist heute zu sozialer Praxis geworden.

Die Umgestaltung als Denk- und Handlungsweise ergreift immer mehr von den Massen Besitz, dringt immer tiefer in das Leben ein, wobei sie den Charakter des gesellschaftlichen Bewußtseins und der praktischen Arbeit bestimmt.

Wir sind in den vergangenen drei Jahren anders geworden. Wir haben frischen Mut gefaßt, haben uns aufgerichtet, verschließen nicht die Augen vor Tatsachen, sprechen laut darüber, was uns weh tut, suchen gemeinsam nach Verfahren, um die im Laufe der Jahrzehnte angehäuften Probleme zu lösen. Ohne entschlossene Wendung zu der Demokratisierung wären die realen Wandlungen, die sich bereits bei der Lösung einer Reihe von sozialen und wirtschaftlichen Aufgaben abzeichnen, unmöglich.

Wir alle lernen, unter Verhältnissen der sich erweiternden Demokratie und der Offenheit zu leben, machen eine große Schule durch. Es ist keine einfache Schule. Es hat sich erwiesen, daß das Alte im Denken und im Handeln loszuwerden, schwieriger ist, als wir vermuten konnten. Das Wichtigste, was uns heute vereinigt, ist jedoch die Erkenntnis, daß es kein Zurück gibt. Das Verderbliche eines solchen Zurückgehens liegt auf der Hand.

Wie sollen wir den Leninschen Sinn des Sozialismus schneller wiederbeleben, ihn von Aufschichtungen und Deformationen läutern, uns von allem, was die Gesellschaft fesselte und daran hinderte, das Potential des Sozialismus in vollem Maße zu realisieren, freimachen? Gerade dieses Problem fesselt letzten Endes die Aufmerksamkeit der Diskussionsteilnehmer, gerade hier treten manchmal extrem entgegengesetzte Verhaltensweisen in Erscheinung.

Heute, da wir in die zweite Etappe der Umgestaltung

eingetreten sind, sind Fragen, auf die, wie man meinen sollte, bereits eine Antwort gegeben wurde, wieder aktuell geworden. Und darunter in erster Linie folgende: Kann man auch ohne Niederbruch, ohne radikale Maßnahmen auskommen? Kann man sich nur auf die Vervollkommnung dessen, was früher geschaffen wurde, beschränken? Laufen wir Gefahr, im Zuge der Umgestaltung manches davon, was in den sieben Jahrzehnten nach der Großen Oktoberrevolution geleistet wurde, zu verlieren oder zu zerstören?

Es werden manche schweren und schmerzlichen Fragen aufgerollt. Die Publizität hat gezeigt, daß es bei den Streitgesprächen bisweilen an politischer Kultur mangelt, an der Fähigkeit, einander anzuhören und gesellschaftliche Prozesse auf wissenschaftliche Art zu analysieren. Manchmal mangelt es aber auch einfach an Kenntnissen und Argumenten.

Aber auch die Umgestaltung selbst wird häufig unterschiedlich verstanden. Für die einen ist es eine turnusmäßige Fassadenverschönerung. Die anderen erblicken in der Umgestaltung eine Möglichkeit, das gesamte System des Sozialismus gewissermaßen abzubauen. Und wenn es so ist, werden der ganze seit der Oktoberrevolution zurückgelegte Weg für falsch, die Werte und Prinzipien des Sozialismus für nicht stichhaltig erklärt. Die dritten, hingerissen vom radikalen Geschwätz, trösten sich und die anderen mit der Illusion, man könne unentbehrliche Etappen überspringen.

Warum entstehen diese Fragen, und was widerspiegeln sie? Es gibt viele Gründe. Jemand hat sich im Sinn des Geschehens noch nicht zurechtgefunden. Jemand ist sich über den Ernst der entandenen Situation nicht ganz im klaren. Jemand zweifelt an den eigenen und nicht nur an den eigenen Kräften. Jemand fällt es schwer, sich von der geistigen Trägheit und Faulheit zu trennen, er ist nicht gewöhnt, die Bürde der Verantwortung für seine Handlungen zu tragen. Jemand ist bereits durch die Ausmaße der Umwandlungen erschrocken.

Solche Mannigfaltigkeit der Reaktionen auf praktische Taten der Umgestaltung kann man verstehen, besonders wenn wir sowohl die Last der früheren konservativen Gewohnheiten als auch die Kompliziertheit und das Ungewöhnliche der neuen Probleme, die sich in dieser kurzen, dreijährigen Phase häuften, in Betracht ziehen. Es steht fest, daß man die Ideen und Ziele der Umgestaltung und ihre Ursachen auch weiterhin erläutern, sich in gesellschaftlichen Prozessen gemeinsam zurechtfinden, sowohl im Alten als auch im Neuen Korn vom Unkraut trennen muß. All das ist, wir wiederholen es, normal und natürlich. Die Diskussion über alle Fragen unseres Lebens, die in der Gesellschaft geführt wird, ist gesetzmäßig. Sie ist im Gange und wird sich auch weiterhin entfalten. Ihr wohltuender Einfluß auf die gesellschaftliche Entwicklung wird immer auffallender.

Die neuen Aufgaben der Partei zur Umgestaltung sämtlicher Lebensbereiche in der gegenwärtigen Etappe konkretisierte das Februar-Plenum des ZK der KPdSU. In der Rede des Generalsekretärs des ZK der KPdSU, Michail Gorbatschow, auf diesem Plenum, »Der revolutionären Umgestaltung – eine Ideologie der Erneuerung«, wurden eine exakte Analyse der heutigen Probleme gegeben und das Programm zur ideologischen Sicherstellung der Umgestaltung dargelegt. Die Menschen wollen den Kernpunkt der in der Gesellschaft eingeleiteten Wandlungen besser erkennen, den Sinn und die Bedeutung der vorgeschlagenen Entscheidungen ersehen, sie wollen wissen, was unter der angestrebten neuen Qualität der Gesellschaft zu verstehen ist. Der Kampf um die Umgestaltung wird sowohl in der Produktion als auch im geistigen Bereich geführt. Und obwohl dieser Kampf nicht die Form des Klassenantagonismus annimmt, nimmt er einen scharfen Verlauf. Das Aufkommen des Neuen spitzt stets das Verhalten dazu und auch die Beurteilung dieses Neuen zu.

Die Diskussionen an und für sich sowie ihr Charakter und ihre Ausrichtung legen ein beredtes Zeugnis von der Demokratisierung unserer Gesellschaft ab. Die Mannigfaltigkeit der Werturteile, Meinungen und Standpunkte bildet ein sehr wichtiges Merkmal der Zeit und zeugt von dem heute real bestehenden sozialistischen Pluralismus der Ansichten.

Aber man kann nicht umhin, in dieser Diskssion eine überaus spezifische Richtung zu bemerken. Hie und da meldet sie sich zu Wort, wobei sie nicht etwa bestrebt ist, das Geschehen zu erfassen und sich darin zurechtzufinden, nicht den Wunsch äußert, die Arbeit voranzubringen, sondern im Gegenteil diese Arbeit zu bremsen versucht. Dabei werden die sattsam bekannten Beschwörungen hervorgestoßen: »Sie verraten die Ideale!«, »Sie geben die Prinzipien preis!«, »Sie untergraben die Grundlagen!«

Wir haben hier es wohl mit Erscheinungen zu tun, die nicht nur einen sozial-psychologischen Charakter haben. Eine derartige Haltung wurzelt in den administrativen Befehls- und bürokratischen Leitungsmethoden. Sie ist auch mit dem moralischen Erbe jener Zeit wie auch mit ausgeprägten pragmatischen Interessen und Erwägungen sowie mit dem Streben verbunden, die eigenen Vorteile, seien es materielle, soziale oder geistige, um jeden Preis zu verteidigen.

Das Abc des Marxismus: Idee und Interesse sind wechselseitig zusammenhängende Kategorien. Jegliches Interesse findet in irgendwelchen Ideen seinen Ausdruck. Jegliche Ideen sind unbedingt auf dieses oder jenes Interesse zurückzuführen. Bei dem konservativen Widerstand gegen die Perestroika handelt es sich um die Last von Gewohnheiten, Denk- und Handelsklischees, die aus der Vergangenheit vererbt sind, um angriffslüsterne egoistische Interessen derjenigen, die gewohnt sind, auf fremde Kosten zu existieren und die diese Gewohnheit nicht aufgeben wollen. Es handelt sich ausgerechnet um jene Interessen, gegen die die Perestroika objektiv auch ausgerichtet ist. Denn die Perestroika wie auch jede Revolution ist nicht nur »für« etwas, sie ist zugleich auch gegen etwas. Gegen all das, was uns stört, besser, offener und kreativer zu leben, schneller voranzukommen, einen geringeren Preis für Fehler und Fehlkalkulationen zu zahlen, die auf dem neuen Weg unvermeidlich sind.

In dieser komplizierten Situation gilt es, eine wahre Diskussion, eine wahre Besorgnis um wirkliche Probleme sowie die Suche nach den besten Antworten und Lösungen genau zu unterschciden. Es gilt auch, das Bestreben genau zu erkennen, Demokratisierung und Glasnost gegen Demokratisierung und Glasnost selbst, gegen Perestroika zu lenken.

Manche Leute sind verwirrt und verunsichert. Die Entfaltung der Demokratisierung, der Verzicht auf die administrativen Befehlsmethoden in der Leitung und Verwaltung, die Ausbreitung der Glasnost, die Aufhebung aller möglichen Verbote und Beschränkungen ließen die Befürchtung aufkommen: Erschüttern wir selbst etwa nicht die Grundlagen des Sozialismus, revidieren wir etwa nicht die Prinzipien des Marxismus-Leninismus?

Die einen behaupten: »Wir gehen in Richtung des kleinbürgerlichen Sozialismus, der auf den Ware-Geld-Beziehungen gründet. Und wer peitscht ihn denn in unserer Gesellschaft durch? Die Idealisten, die in der Minderheit sind. Das ist die Hauptgefahr für uns und überhaupt für den Frieden auf der Erde. Das ist die Pest des 20. Jahrhunderts, und W. I. Lenin hat für den Kampf dagegen so viel Kraft aufgewandt.«

»Schaukelt nicht das Boot!« drohen die anderen. »Kippt ihr es um, dann zerstört ihr den Sozialismus.«

Es gibt auch solche, die unumwunden vorschlagen, haltzumachen und gar zurückzukehren.

An derartige Stimmungen klingt der große Artikel »Ich kann meine Prinzipien nicht preisgeben« an, der am 13. März d. J. in der Zeitung »Sowjetskaja Rossija« veröffentlicht wurde. Die als »Brief an die Redaktion« verfaßte Publikation fand Aufmerksamkeit bei Lesern. Er enthält auch Beobachtungen, denen man zustimmen muß. Ferner enthält er auch eine stark ausgedrückte Besorgnis über einige negative Erscheinungen, auch leidenschaftliche Äußerungen, die den Leser mitreißen.

Wichtiger ist jedoch etwas anderes: Zu welchem Zweck ist er geschrieben, welche Lösungen werden darin vorgeschlagen, wie sind der allgemeine Geist und Stil dieser Lösungen? Gerade in diesen Aspekten offenbart sich, daß die im Artikel vertretenen Haltungen mit den Hauptrichtungen der Perestroika vollkommen unvereinbar, ja gegensätzlich sind.

Wir machen einen Vorbehalt: Jeder Autor hat das Recht auf Verteidigung seines Standpunktes. Eine solche Einstellung wird heute in unserer Gesellschaft dank der Glasnost, dank der Perestroika durchgesetzt. Jedes Presseorgan entscheidet darüber, ob er diese oder jene Haltung dem Urteil der Leser überläßt, und bestimmt sein Verhalten dazu. Die Rubrik, in der der Artikel veröffentlicht wurde, ließ die Annahme zu, daß eine substantielle Diskussion über die aufgeworfenen Fragen, wenn nicht sogleich, dann etwa später, folgen werden. Das ist umso notwendiger als die aufgeworfenen Fragen ernst sind und so angesprochen wurden, daß sie nur als eine ideologische Plattform, als ein Manifest der gegen die Perestroika wirkenden Kräfte bezeichnet werden können. Nicht von ungefähr stellen viele Menschen die Frage: Wie sollen die Tatsache der Veröffentlichung des Artikels und die Art, wie das getan worden ist, aufgefaßt werden? Ist das etwa nicht ein Signal, wie dies schon vorgekommen ist, zu der Rückkehr in die eingefahrene Spur?

Vor allem ist der Artikel, ob die Verfasserin es wollte oder nicht, darauf gerichtet, einige Kategorien der sowjetischen Menschen einander gegenüberzustellen. Dabei ausgerechnet zu dem Zeitpunkt, da die Einheit der schöpferischen Anstrengungen – bei allen Meinungsschattierungen – notwendig wie noch nie zuvor, da eine solche Einheit das vordringliche Erfordernis der Perestroika, die unerläßliche Bedingung einfach für ein normales Leben, für die Arbeit, für eine konstruktive Erneuerung der Gesellschaft ist. Die prinzipielle Besonderheit der Perestroika besteht ja gerade darin, daß sie berufen ist, eine größtmögliche Anzahl von Gleichgesinnten im Kampf gegen die Erscheinungen zu vereinen, die unser Leben stören. Ausgerechnet und in erster Linie gegen Erscheinungen, aber nicht nur und nicht einfach gegen einzelne unverbesserliche Träger solcher Erscheinungen wie Bürokratismus, Korruption, Mißbrauch usw. Sie zielt nicht darauf ab, einen jeden von der Verantwortung zu befreien, aber auch nicht darauf, »Sündenböcke« ausfindig zu machen.

Ferner, der Artikel ist nicht konstruktiv. In der weitschweifigen Publikation mit prätentiöser Überschrift fand sich kein Platz für eine substantielle Auffassung selbst eines einzigen Problems der Umgestaltung. Wovon dort auch immer die Rede ist, von Glasnost, Offenheit, Verschwinden von Zonen, die außerhalb der Kritik stehn, von den Jugendlichen – diese Prozesse und die Perestroika selbst werden nur mit Schwierigkeiten und negativen Folgen in Verbindung gebracht.

Wohl zum ersten Mal waren die Leser durch diesen »Brief an die Redaktion« in einer dermaßen konzentrierten Form nicht mit einer Suche, nicht mit Überlegungen und sogar nicht einmal mit Verwirrung und Durcheinander angesichts der komplizierten und akuten Fragen, die das Leben stellt, sondern mit der Ablehnung der Idee der Erneuerung sowie mit einer unverhohlenen Darlegung einer ziemlich bestimmten Haltung konfrontiert, einer im Grunde genommen konservativen und dogmatischen Haltung.

Zwei Hauptthesen ziehen sich wie ein roter Faden durch den gesamten Artikel: Wozu ist diese gesamte Perestroika überhaupt nötig und ob wir in den Fragen der Demokratisierung und Glasnost nicht zu weit gegangen sind? Der Artikel fordert uns auf, Herrichtungen und Korrekturen in den Fragen der Umgestaltung vorzunehmen, sonst würden die »Behörden« angeblich den Sozialismus zu retten haben.

Offensichtlich haben bei weitem noch nicht alle eine klare Vorstellung von der Dramatik jener Situation, in der sich das Land zum April 1985 befand, die wir zu Recht als Vorkrisensituation bezeichnen. Offensichtlich legen sich auch noch nicht alle in vollem Maße darüber Rechenschaft ab, daß sich die administrativen Befehlsmethoden erschöpft haben. Für alle, die mit diesen Methoden oder deren Modifizierung noch irgendwelche Hoffnungen verbinden, wird es Zeit zu verstehen, daß es dies alles schon einmal gegeben hat – und zwar nicht nur einmal – und nicht zu den gewünschten Ergebnissen geführt hat. Die Vorstellungen von der Einfachheit und Effektivität dieser Methoden sind nichts anderes als eine Illusion, für die es keine historische Rechtfertigung gibt.

Wie soll also heute der Sozialismus »gerettet« werden? Entweder die autoritären Methoden, die Praxis der gedankenlosen Ausführungsbereitschaft und der Unterdrückung der Initiative, eine Ordnung erhalten, bei der der Bürokratismus, die Unkontrollierbarkeit, die Korruption, die Bestechlichkeit und die kleinbürgerliche Entartung als üppige Blume blühten?

Oder zu den Leninschen Prinzipien zurückkehren, deren Wesen die Demokratie, die soziale Gerechtigkeit, die wirtschaftliche Rechnungsführung sowie die Achtung gegenüber der Ehre, dem Leben und der Würde der Persönlichkeit sind? Sind wir angesichts der nicht erfundenen Schwierigkeiten und der unbefriedigten Bedürfnisse des Volkes berechtigt, am gleichen Herangehen festzuhalten wie in den 30er und 40er Jahren? Ist nicht die Zeit der klaren Unterscheidung des Wesens des Sozialismus und der historisch begrenzten Formen seiner Verwirklichung gekommen? Ist nicht die Zeit gekommen, uns wissenschaftlich und kritisch über unsere Geschichte klar zu werden, und zwar vor allem dafür, um die Welt zu verändern, in der wir leben, und harte Lehren für die Zukunft zu ziehen?

Dem ersten Weg stimmt faktisch die Veröffentlichung in der Zeitung »Sowjetskaja Rossija« zu. Den zweiten Weg diktiert das Leben, das auch die Umgestaltung erforderlich machte.

Orientieren doch gerade unsere ideologischen Opponenten darauf, das Wesen des Sozialismus mit dem alten Denken, mit autoritären Methoden, mit dem Abweichen von den Prinzipien des Sozialismus gleichzusetzen. Und ist es etwa nicht offensichtlich, daß auch hier die Positionen der primitiven »Beweiner des Sozialismus« mit den Positionen seiner ausländischen Antagonisten zusammenfallen? Oder setzen wir vielleicht dadurch, daß wir von den Werten, Idealen und Prinzipien des Sozialismus den Rost des Bürokratismus nehmen sowie ihn von allem Unmenschlichen reinigen, nicht die besten schöpferischen Kräfte für den Kampf um den Sozialismus, um unsere Werte und unsere Ideale frei? Und ist der Kampf gegen den Konservatismus des Denkens und gegen Dogmatismus kein Kampf für diese Ideale, gegen die ideologischen «Omnivoren« und gegen den Nihilismus? Ist doch gerade nur ein blinder, engstirniger Dogmatiker, der keine Zweifel kennt, dessen Nervensystem daran gewöhnt ist, ausschließlich nach dem Prinzip – entweder alles oder nichts, entweder alles harmonisch und gut oder alles ins Wanken gebracht und schlecht – zu handeln, dazu fähig, in Verwirrung und Hysterie zu verfallen. Gerade er, der nicht in der Lage ist, die »Spannung des Widerspruchs« auszuhalten, und den gewöhnlichen materiellen und geistigen Komfort verloren hat, wird früher als die anderen zum äußersten Nihilisten.

Im Artikel fehlt das Wichtigste, das sie wissenschaftliche Herangehensweise an die Frage bestimmt: Es fehlt das Streben, das Wesen der historischen Prozesse sichtbar zu machen, das Objektive vom Subjektiven, das Notwendige vom Zufälligen, das, was wirklich der Sache des Sozialismus gedient hat, davon zu trennen, was ihm in unseren eigenen Augen und in den Augen der ganzen Welt Schaden zugefügt hat. Im Artikel überwiegt im Prinzip eine fatalistische Einsicht in die Geschichte, die nichts mit ihrer wahrhaft wissenschaftlichen Einsicht gemein hat, die Rechtfertigung all dessen, was es in ihr gegeben hat, im Namen der historischen Notwendigkeit. Die Haltung, wonach dort, wo gehobelt wird, Späne fallen, ist weder mit wahrer Wissenschaft noch mit der sozialistischen Moral vereinbar.

Fast die Hälfte des Artikels ist der Einschätzung unserer längst vergangenen und der jüngsten Geschichte gewidmet. Die letzten Jahre sind ein deutlicher Beweis für das wachsende Interesse für die Vergangenheit seitens der breitesten Bevölkerungsschichten. Das historische Bewußtsein des Volkes bildet sich immer mehr auf den Prinzipien des wissenschaftlichen Historismus und der Wahrheit heraus. Gleichzeitig sind Spekulationen zum Begriff des Patriotismus zu beobachten. Ein Patriot ist nicht jener, der laut von der »inneren Bedrohung« des Sozialismus schreit, oder jener, der sich mit einigen politischen Extremisten zusammenschließt und überall innere Feinde, »konterrevolutionäre Nationen« usw. sucht. Ein Patriot ist jener, der keinerleit Schwierigkeiten scheut und im Interesse des Landes, zum Wohle des Volkes handelt. Wir brauchen keinen besinnlichen, keinen verbalen, sondern einen schöpferischen Patriotismus, keinen Hurra- und keinen primitiven Patriotismus, sondern einen Patriotismus der sozialistischen Umgestaltungen. Einen Patriotismus, der nicht nur von der Liebe zur »kleinen Heimat« ausgeht, sondern vom Stolz auf die Leistungen der großen Heimat des Sozialismus durchdrungen ist.

Das Vergangene ist für die Gegenwart, für die Lösung der Aufgaben der Umgestaltung lebensnotwendig. Die objektive Forderung des Lebens – »Mehr Sozialismus!« verpflichtet uns, darüber klar zu werden, was wir gestern getan haben und wie wir es getan haben, worauf verzichtet werden muß, was mitgenommen werden muß, welche Prinzipien und Werte als wirklich sozialistisch betrachtet werden müssen. Und wenn wir heute unsere Geschichte kritisch betrachten, dann nur deshalb, weil wir uns den Weg in die Zukunft besser und vollständiger vorstellen wollen.

Wir stellen die Wahrheit in ihren Rechten wieder her, befreien sie von gefälschtem und arglistigen Weisheiten, die in die Sackgasse der gesellschaftlichen Gleichgültigkeit führten und eignen uns die Lehre der Wahrheit an, die auf dem 27. Parteitag der KPdSU gegeben wurde. Die Wahrheit erwies sich jedoch in vieler Hinsicht als bitter. Unter schon wird ein Versuch unternommen, mit Bezug ausschließlich auf die extreme Lage die Vergangenheit rein zu waschen und die politischen Deformationen und Verbrechen gegenüber dem Sozialismus zu rechtfertigen.

Heute wissen wir, daß viele Tausende Kommunisten und Parteilose, Wirtschafts- und Militärkader, Wissenschaftler und Kulturschaffende Massenrepressalien ausgesetzt wurden. So sieht die Wahrheit aus, und sie darf man nicht verschweigen. Die Partei hat das offen gesagt. Viele Beschuldigungen wurden bereits aufgehoben, Tausende und aber Tausende unschuldige Menschen wurden vollständig rehabilitiert. Der Prozeß der Wiederherstellung der Wahrheit dauert auch jetzt noch fort. Bekanntlich ist eine Kommission des Politbüros des Zentralkomitees tätig, die Tatsachen und Dokumente, die zu diesen Fragen in Beziehung stehen, allseitig prüft.

Die schmerzhaften Fragen unserer Geschichte zu verschweigen, bedeutet die Wahrheit zu mißachten und sich unwürdig gegenüber jenen zu verhalten, die unschuldige Opfer der Rechtlosigkeit und der Willkür geworden sind. Es gibt nur eine Wahrheit. Es sind völlige Klarheit, Exaktheit und Konsequenz und eine moralische Orientierung für die Zukunft erforderlich.

In den zahlreichen Diskussionen, die heute geführt werden, wird die Frage über die Rolle I.W. Stalins in der Geschichte unseres Landes scharf gestellt. Daran geht auch die Veröffentlichung in der Zeitung »Sowjetskaja Rossija« nicht vorbei. Es werden die Unterstützung für den Beschluß des Zentralkomitees der KPdSU über die Überwindung des Personenkults und seiner Folgen (1956) und die Billigung der Einschätzungen zum Ausdruck gebracht, die der Tätigkeit Stalins in den letzten Parteidokumenten gegeben wurden. In Wirklichkeit aber versucht der Artikel, diese faktisch über den Haufen zu werfen und den Sozialismus von der Moral zu trennen.

Ihrer Konzeption zuliebe wendet sich die Verfasserin

um Unterstützung an Churchill. Bemerkt sei, daß die von ihr angeführte Lobrede auf Stalin keineswegs Churchill gehört. Etwas Ähnliches sagte der bekannte britische Trotzkist I. Deutscher. Auf alle Fälle aber ist die Frage gesetzmäßig: Ist es taktvoll, sich in der Einschätzung unserer Partei und unseres Staates gewissenlos an bürgerliche Quellen zu wenden? Besonders dann, wenn es bereits eine klar formulierte Haltung der Partei, in diesem konkreten Fall eine Einschätzung von W. I. Lenin gibt.

Die Persönlichkeit Stalins ist äußerst widersprüchlich. Daraus erklären sich heftige Streite. Aber die prinzipiellen Einschätzungen wurden auf dem 20. und dem 22. Parteitag, im Referat des Generalsekretärs des Zentralkomitees der KPdSU, Michail Gorbatschow, »Oktober und Umgestaltung: Die Revolution geht weiter« gegeben. Auf den Positionen der historischen Wahrheit bleibend, müssen wir sowohl den unbestreitbaren Beitrag Stalins zum Kampf für den Sozialismus, zum Schutz der Errungenschaften als auch grobe politische Fehler, die Willkür sehen, die er und seine Umgebung zugelassen hatten, für die unser Volk einen überaus hohen Preis zahlte und die für das Leben unserer Gesellschaft schwierige Folgen hatten. Ab und zu werden die Stimmen laut, Stalin habe um die Akte der Gesetzlosigkeit nicht gewußt. Er hat um sie gewußt. Er hat sie vielmehr organisiert und dirigiert. Heute ist das bereits eine nachgewiesene Tatsache. Und die Schuld Stalins wie auch die Schuld seiner nächsten Umgebung vor der Partei und dem Volk für die zugelassenen Massenrepressalien und die Willkür ist gewaltig und unverzeihlich.

Es stimmt: Jede historische Persönlichkeit wird durch die konkreten sozialökonomischen und ideologisch-politischen Bedingungen herausgebildet. Aber der Kult war nicht unvermeidlich. Er ist der Natur des Sozialismus wesensfremd, und möglich wurde er lediglich durch die Abweichungen von seinen grundlegenden Prinzipien.

Warum muß man aber dennoch heute, da die Partei auf diese Frage eine klare und offene Antwort gegeben hat, immer wieder auf sie zurückkommen? Das ist auf zwei Gründe zurückzuführen. Vor allem deshalb, weil man beim Schutz Stalins dadurch auch die Erhaltung der von ihm hervorgebrachten Methoden der »Lösung« der Diskussionsfragen, der von ihm geschaffenen gesellschaftlichen und staatlichen Strukturen, Normen des Partei- und Soziallebens in unserem heutigen Leben und der Praxis verteidigt. Die Hauptsache ist, daß man das Recht auf die Willkür verteidigt. Die Willkür, die sich in Wirklichkeit ständig lediglich als egoistisches Interesse erweist, obwohl bei einem dieses Interesse darauf gerichtet werden kann, mehr zu nehmen und weniger zu geben, und bei einem anderen es in ein äußerlich respektables Gewand der Anmaßungen für ein Monopol in der Wissenschaft, für die eigene Unfehlbarkeit in den Taten oder für etwas anderes gehüllt ist.

Man muß immer wieder auf die Frage der Persönlichkeit Stalins noch auch deshalb zurückkommen, weil man um diese Einschätzung auf das Teuerste, was der Mensch hat, spekuliert – auf den Sinn der von ihm verlebten Jahre. Es erfolgt die Verwechslung der Begriffe: Wenn Stalin an Verbrechen schuld sei, wie müsse man dann unsere Errungenschaften in der Vergangenheit einschätzen? Wie müsse man die Arbeit und den Heroismus der Menschen einschätzen, die das Land des Sozialismus zu historischen Errungenschaften gebracht haben? Leugnen wir auch sie nicht, indem wir Stalin verurteilen und seine Methoden ablehnen?

Nein, wir leugnen sie nicht, sondern rühmen sie noch mehr. Der ehrliche Werktätige, der Soldat auf dem Schlachtfeld, jeder sowjetische Mensch, die mit der Tat ihren Patriotismus und ihre Treue zur Heimat und zum Sozialismus bewiesen haben, haben ihre Pflicht erfüllt! Ihre Arbeit, ihre Selbstlosigkeit und ihr Heldenmut brachten unser Land auf nie dagewesene Höhen. Nur ein unmoralischer Mensch kann auf die Arbeit und die Heldentat des Volkes einen Schatten werfen. Aber heute erkennen wir besser denn je, wie schwierig es war, eine richtige Sache in jener in jeder Hinsicht komplizierten Zeit zu tun.

Ungerechtfertig ist es, heute diese Menschen als Verteidiger der Stalinschen Gesetzlosigkeit einzureihen. Es ist ungerechtfertigt, weil wir auch verstehen, verstehen müssen, wie größer der Nutzeffekt ihrer Anstrengungen für das ganze Land, für jeden von uns gewesen wäre, wenn ihr schöpferischer Elan, die materielle Wirksamkeit durch die objektive antileninistische, antisozialistische Praxis nicht abgeschwächt worden wären.

Nein, die Partei-, Kriegs- und Arbeitsveteranen haben ihr Leben nicht umsonst gelebt! Alle kommenden Generationen sind ihnen unermeßlich verpflichtet.

Manch einer kann sich jedoch von der Nostalgie für die Vergangenheit immer noch nicht befreien, da die einen verkündigten und die anderen aufmerksam zuhören und resigniert ausführen sollten. Den krankhaften Hang einiger Menschen an der Vergangenheit kann man noch verstehen, aber für ein Presseorgan gehört es sich nicht, solche Geisteshaltung zu propagieren, indem diese nicht gebührend eingeschätzt wird und gar vielmehr bei den Lesern den Eindruck erweckt, als werde ihnen eine »neue« politsche Plattform präsentiert.

Auffallend sind auch die Erwägungen der Verfasserin über die klassenmäßige Herangehensweise an die Einschätzung von Äußerungen und Meinungen, die im Zuge der Diskussion zum Ausdruck gebracht werden. Vom Standpunkt der Verfasserin werden jeweilige polemische Haltungen nicht durch Probleme, sondern durch eine bestimmte soziale oder nationale Zugehörigkeit der Menschen verursacht. Dadurch wird in den Brennpunkt der Aufmerksamkeit die Frage nicht danach gerückt, was gesagt und bestritten wird, sondern wer sagt und bestreitet.

Die klassenmäßige Herangehensweise ist in den Diskussionen unbestreitbar erforderlich. Aber auch dann, wenn wir mit den Menschen zu tun haben, die dem Sozialismus wesensfremde Ideen vertreten, ist die klassenmäßige Herangehensweise kein »Stempel«, der die »Selektion« erleichtert, sondern ein Instrumentarium der wissenschaftlichen Analyse. Im Beitrag heißt es, daß »die Nachkommen der von der Oktoberrevolution gestürzten Klassen« und auch »der geistigen Erben von Dan und Martow und Konsorten aus dem Ressort der russischen Sozialdemokratie, der geistigen Nachfolger Trotzkis oder Jagodas, die über den Sozialismus verärgerten Abkömmlinge von NÖP-Leuten, Basmatschen und Kulaken leben und gedeihen«. Die Wurzeln der antisozialistischen Geisteshaltung werden im Beitrag beinahe in den Genen gesucht. Klingt diese Haltung nicht an den bekannten Stalinschen Leitsatz über die Zuspitzung des Klassenkampfes im Zuge des sozialistischen Aufbaus an, der tragische Folgen nach sich gezogen hat?

Im Beitrag wird Besorgnis über eine gewisse Verbreitung des Nihilismus unter einem Teil unserer Jugend zum Ausdruck gebracht. Soll das tatsächlich ein Anlaß zur Aufregung sein?

Natürlich. Man muß aber auch zugleich sehen, daß die gegenwärtigen »Überspitzungen« im Bewußtsein der Jugend Symptome einer Krankheit sind, die sich nicht heute entwickelt hat. Sie wurzelt in der Vergangenheit. Das ist eine Folge der geistigen Verknappung, die unserer Jugend jahrzehntelang zuteil wurde, der Diskrepanz zwischen den Äußerungen von den Tribünen und dem praktischen Alltag.

Der beste Lehrmeister der Perestroika, auf den wir stets hören müssen, ist die Dialektik des Lebens. Wir müssen übrigens stets an die Äußerung von Engels denken, wonach es für Dialektik nichts ein und für allemal Feststehendes, Unbedingtes, Heiliges gibt. Eben diese ununterbrochene Vorwärtsbewegung, die laufende Erneuerung der Natur und der Gesellschaft und unseres Denkens ist das allererste, entscheidende, Grundprinzip des neuen Denkens.

In der schwierigsten, äußerst dramatischen Umbruchzeit der Geschichte wandte sich W. I. Lenin immer wieder der Dialektik als lebendigem Geist des Marxismus im Bestreben zu, sowohl selbst die historischen Ereignisse zu erkennen als auch mit dieser Erkenntnis die Partei und die Volksmassen zu wappnen. Mit diesem Gedanken hat auch die Umgestaltung ihren Einzug ins Leben gehalten.

Die Perestroika beschleunigt ihren Lauf. Die ist augenscheinlich. Verändert hat sich das gesellschaftliche Klima, die Menschen fühlen sich besser. Die Arbeiter,

Kolchosbauern, Intellektuellen agieren insgesamt mit einem Verantwortungsgefühl für die Sache der Perestroika, für das Land, für den Sozialismus. Man braucht keine Angst vor der Bewegung des Denkens, vor Bemühungen um bestmögliche Wege zur Realisierung des Potentials der sozialistischen Demokratie zu haben. Das ist heute, im Zuge der Vorbereitung auf die 19. Unionsparteikonferenz ganz besonders erforderlich.

Kehren wir jedoch zu der Frage zurück: Was ist gelungen, zu leisten? Wie werden der Parteikurs, die Beschlüsse des 27. Parteitages der KPdSU, der ZK-Plenen verwirklicht? Welche positiven Wandlungen vollziehen sich im Leben der Menschen?

Wir haben vorrangige, vitale Probleme – das Wohnungsproblem, das Lebensmittelproblem, die Versorgung der Bevölkerung mit Waren und Dienstleistungen – richtig angepackt. Es begann eine Wende zu einer beschleunigten Entwicklung des Sozialbereiches. Es wurden konkrete Beschlüsse zur Umgestaltung des Bildungs- und des Gesundheitswesens gefaßt. Praktisch verwirklicht wird die durchgreifende Wirtschaftsreform – unser Haupthebel bei der Durchführung großangelegter Umgestaltungen. »Das ist das politische Hauptergebnis der vergangenen drei Jahre«, sagt Michail Gorbatschow auf dem vierten Unionskongreß der Kolchosbauern.

Im geistigen Leben der Gesellschaft ertönt heute stark und laut die Stimme der Intelligenz, aller Werktätigen. Das ist eine der ersten realen Errungenschaften der Perestroika. Demokratie ist ohne Denk- und Redefreiheit, ohne offene und breite Auseinandersetzungen, ohne einen kritischen Rückblick auf unser Leben undenkbar.

Unsere Intelligenz hat viel für die Vorbereitung des

gesellschaftlichen Bewußtseins zur Erkenntnis notwendiger tiefgreifender, kardinaler Wandlungen geleistet. Sie hat sich selbst tatkräftig in die Umgestaltung eingeschaltet, wappnet sich mit den besten Traditionen ihrer Vorgänger, appelliert an das Gewissen, Moral, Anständigkeit, verteidigt humanistische Prinzipien und sozialistische Lebensnormen.

Viele Worte wurden gesagt und geschrieben über die Einheit zwischen Intelligenz, Arbeiterklasse und Kolchosbauern. Diese Wahrheiten wurden heute, da das ganze Volk, breite Werktätigenmassen die Umgestaltung unterstützen, in der Zeit, da wirklich patriotische, moralische Einschätzungen der Ideen, Taten, unseres gesamten Lebens in allen Sozialschichten übereinstimmen, auf eine ganz andere Weise ausgeleuchtet. Viele wahrhafte patriotischen Initiativen sind in der Perestroika mit den Namen unserer Schriftsteller und Dichter, Dramatiker und Kritiker verbunden. Es sei hierbei auf eine prägnante, offensive, von der Ideologie der Erneuerung getragene Publizistik I. Wassiljews erinnert, die auf Seiten der »Sojetskaja Rossija« einen würdigen Platz unter den besten Beiträgen über die Perestroika eingenommen hat.

Wir sehen aber in einzelnen Werken auch etwas anderes: Fehlendes Mitgefühl mit dem Volk, mit seiner Geschichte, mit seinen Freuden und Leiden. Mancher Verfasser läßt sich wie ein Apostel der Wahrheit aus und weist alle an, wie und was zu machen ist. Es gab viele Versuche, sich übereilt geltend zu machen, sich in sensationellen Beiträgen auszutoben und mit »Fakten« und »Fäktchen« zu amüsieren, nicht aber der Wahrheit halber, sondern um seine Ruhmsucht zu stillen. Das führt zu Übergriffen, Verdrehungen der Tatsachen, das wichtigste ist jedoch, daß die Geschichte des Volkes durch die Geschichte von Fehlern der Leitung ersetzt wird. Natürlich berührt eine solche Verhaltensweise Gefühle von Millionen rechtschaffener Menschen, behindert uns, objektive und nützliche Lehren aus der Geschichte zu ziehen.

Derartige Erscheinungen wurzeln im gleichen Erbe der Stagnation. Die Gedanken und Gefühle der Menschen waren auch damals in Aufruhr. Sie dachten über die Geschehnisse und über ihre Folgen für die Zukunft gründlich nach. Die Menschen waren aber gezwungen, über die Ergebnisse dieser Analyse, über die Resultate der Suche und ihre Vorschläge zu schweigen. Nun wird das mit großer Energie, gespeichert in den Jahren des Schweigens, publik gemacht, manchmal unbedacht und verantwortungslos.

Auch die Sphäre der Kultur ist zu erneuern und zu reinigen. Dieser Prozeß wird sich desto schneller vollziehen, je umfassender und aktiver die Intellektuellen in das Leben des Volkes und der Partei einbezogen werden. Taktgefühl, Wohlwollen, Achtung, Anerkennung des Rechtes auf eigene Meinung, aber auch ehrliche, kompetente und offene Analyse der Fehler – daran mangelt es heute vielen Parteikomitees bei ihrer Arbeit mit den Intellektuellen. »In Kulturfragen gibt es nichts Schädlicheres als Übereile und Leichtfertigkeit«, betonte W. I. Lenin.

In der Praxis der Parteiarbeit ist mitunter etwas anderes zu beobachten. Besonders anschaulich ist das anhand der Beispiele für die Einstellung zur kritischen Stimme der Presse. Manch einer erblickt das ganze Übel und alle Unannehmlichkeiten des Alltags darin, daß »die Zeitungen in Rage geraten sind, über alles urteilen, die öffentliche Meinung aufregen« usw. Man muß sich folgender Tatsache bewußt werden: Die Zeitungsseite ist eine sekundäre Erscheinung. Das Primäre liegt im Leben selbst! Um über keine Mängel in der Zeitung lesen zu müssen, sind die erst einmal aus der Welt zu schaffen.

Und da sehen wir wieder den Wert und die Verantwortung eines jeden Druckwortes. Wir sehen, wie sich mitunter nicht überprüfte Fakten, die Ansprüche auf Alleinrecht und die Wahrheit oder bloß die Anpassung der Fakten an eine im voraus entwickelte Konzeption des Autors gesetzmäßig gegen die besten Beweggründe richten. Die Konservativen erheben derartige Fehler zu einer absoluten Größe und lassen die Früchte der Demokratie und der Transparenz nur auf sie hinauslaufen. Und wie ist das Ergebnis? Die auf den ersten Blick ihren Anschauungen nach entgegengesetzten Kräfte paktieren sich, um die Umgestaltung zu bremsen.

Heute gibt es keine Themen, die ein Tabu wären. Zeitschriften, Verlage und Studios entscheiden selbst, was publik zu machen ist. Die Veröffentlichung des Artikels »Ich kann meine Prinzipien nicht preisgeben« ist aber ein Versuch, die Parteibeschlüsse nach und nach zu revidieren. Bei den Treffen im Zentralkomitee der Partei wurde wiederholt gesagt, daß die Kommunisten, die in der Presse schreiben, und Redakteure sich ihrer Verantwortung für Artikel und Veröffentlichungen bewußt sein müssen. In diesem Fall ist die Zeitung »Sowjetskaja Rossija«, die, offen gesagt, für die Perestroika viel getan hat, von diesem Prinzip abgekehrt.

Streite, Diskussionen und Polemik sind natürlich notwendig. Sie wird es auch in Zukunft geben. Wir werden künftig auch viele Hindernisse überwinden müssen, die von der Vergangenheit herrühren. Wir müssen sie alle zusammen beseitigen. Wir brauchen Diskussionen, die uns helfen, die Perestroika vorankommen zu lassen, und zur Konsolidierung der Kräfte, zum Zusammenschluß um die Perestroika, nicht aber zu Spaltung führen.

Bis zur 19. Unionsparteikonferenz sind weniger als drei Monate geblieben. Das ist ein großes Ereignis im Leben der Partei und des ganzen Volkes. Die Vorbereitung darauf ist schon im Gange. Das Wichtigste ist es, zur Parteikonferenz mit den Erfahrungen der Umgestaltung, mit der Analyse dessen zu kommen, wie ihre Konzeption faktisch realisiert wird und welche Ergebnisse sie zeitigen. Um die Geschehnisse und neue Erscheinungen im Leben real zu sehen, müssen die Kommunisten der Ereignisse Herr werden und sich nicht ihnen nachschleppen. W. I. Lenin sagte wiederholt: »Die feste Linie der Partei, ihre unbeugsame Entschlossenheit ist ebenfalls ein Faktor der Stimmung, insbesondere in zugespitzten revolutionären Momenten.« Perestroika ist die Sache eines jeden Kommunisten, die patriotische Pflicht eines jeden Bürgers.

Mehr Licht. Mehr Initiative. Mehr Verantwortung. Man muß sich die ganze tiefgreifende marxistisch-leninistische Konzeption der Umgestaltung, das neue politische Denken schneller aneignen. Wir können und müssen die Leninsche Praxis der sozialistischen Gesellschaft – der menschlichsten und gerechtesten Gesellschaft – wiederbeleben. Wir werden konsequent und unbeirrbar die revolutionären Prinzipien der Umgestaltung befolgen, mehr Transparenz, mehr Demokratie, mehr Sozialismus.

Quelle: Übersetzung der sowjetischen Presseagentur Nowosti (APN)

# Neue Bedingungen für Sozialismus, Klassenkampf und nationale Befreiung

*Aus der Prager Rede Anatoli Dobrynins vom 12. April 1988*

Prag (TASS) – Auf der Beratung von Vertretern der kommunistischen Arbeiter- und revolutionärdemokratischen Parteien über die Arbeit der Zeitschrift »Probleme des Friedens und des Sozialismus« sprach der Sekretär des ZK der KPdSU Anatoli Dobrynin.

»Die gegenwärtige Erörterung der Arbeit der Zeitschrift ›Probleme des Friedens und des Sozialismus‹«, sagte er, »vollzieht sich in einer Situation radikaler Veränderungen in allen Regionen der Welt. Das bedeutet, es bilden sich neue, oftmals prinzipiell neue Bedingungen für den Aufbau des Sozialismus sowie für den Klassenkampf und für den nationalen Befreiungskampf der Völker heraus.

Interne Fragen der Parteien stehen hier nicht zur Debatte – dies ist deren souveräne Angelegenheit. Völlig gerechtfertigt und notwendig ist es hingegen, über den realen Zustand unserer Bewegung und die Gründe ihrer komplizierten und widersprüchlichen Lage – im Zusammenhang mit den Aufgaben der Zeitschrift – zu sprechen.

Diese Gründe sind mannigfaltig. Vereinfachend kann man sie jedoch auf drei Gruppen reduzieren.

Die erste ist mit einigen wesentlichen Modifizierungen der internationalen gesellschaftlichen Entwicklung verbunden, in erster Linie mit neuen Erscheinungen in der Entwicklung des Kapitalismus, der eine weitaus größere Stabilität besitzt als früher angenommen wurde. Unter den Bedingungen der wissenschaftlich-technischen Revolution und der dadurch hervorgerufenen tiefgreifenden sozialen Veränderungen wandelt sich der Charakter der Massenbasis, auf die sich die kommunistische Bewegung bisher traditionell stützte. Das wiederum hat sie vor schwierige Probleme gestellt.

Die Bruderparteien der Entwicklungsländer sind aber mit eigenen Schwierigkeiten konfrontiert, die nicht nur mit den als Erbe der Vergangenheit übernommenen Merkmalen, sondern auch mit Komplikationen ihrer gegenwärtigen Entwicklung verbunden sind. Die Mehrheit dieser Länder steht praktisch vor der Notwendigkeit des Kampfes um eine progressive demokratische Entwicklung unter den Bedingungen des Kapitalismus.

Die zweite Gruppe objektiver Ursachen, die die Entwicklung der kommunistischen Bewegung bremsen, hat zweifellos damit zu tun, daß die Vorteile des Sozialismus in der gegenwärtigen Etappe seiner Entwicklung im Grunde genommen noch nicht vollständig zur Geltung gebracht wurden. Der Sozialismus hat noch kein für die Massen in den westlichen Ländern überzeugendes Beispiel für eine tiefgreifende Demokratisierung der Gesellschaft und für eine radikale und schnellere Lösung der ökonomischen Probleme geliefert. Dazu kommen noch negative Prozesse in der Entwicklung einer Reihe sozialistischer Länder, angefangen bei unserem. All das führte zur Schwächung der Anziehungskraft des Sozialismus.

Davon sprachen die führenden Repräsentanten der Bruderparteien auf dem Treffen in Moskau. Zugleich verwiesen sie auf die große internationale Bedeutung der gegenwärtigen Veränderungen in den sozialistischen Ländern, die die Erneuerung und die Vervollkommnung der neuen Gesellschaft zum Ziel haben.

Wir verwirklichen unsere Umgestaltung, ausgehend von den Bedingungen und Erfordernissen unseres Landes. Wir haben nicht die geringste Absicht, sie als ein für alle taugliches Rezept auszugeben. Wir sind uns aber auch unserer internationalen Verantwortung für den Erfolg der in Angriff genommenen Sache voll bewußt. Denn gerade von der Erneuerung der Theorie und Praxis des Sozialismus, von der Fähigkeit der Kommunisten, die in der Welt vor sich gehenden Veränderungen zu berücksichtigen, hängen nicht nur die Geschicke des Sozialismus, sondern auch in vieler Hinsicht der Charakter und die Ausrichtung der gesamten, weltweiten gesellschaftlichen Entwicklung und letzten Endes die Zukunft der Zivilisation selbst ab. Aber die Hauptschlußfolgerung bleibt nach wie vor unverändert: Zum Kapitalismus gibt es eine Alternative, und diese heißt Sozialismus.

Die dritte Gruppe von Ursachen, die sich auf die Lage in der kommunistischen Bewegung negativ auswirkten, gehört zum Bereich der gegenseitigen Beziehungen zwischen den Bruderparteien. Wir sind der Überzeugung, daß die kommunistische Bewegung imstande ist, aus dieser längeren Periode herauszufinden, die dadurch geprägt war, daß aufkommende Polemik mitunter Formen annahm, die zur Zuspitzung oder gar zum Abbruch der Beziehungen zwischen den Parteien führten. Wir sehen kein Problem auch in der Behauptung der Selbständigkeit und Unabhängigkeit der Parteien – das wird heute von nichts und niemandem mehr bedroht. Hier hat sich die Situation völlig geklärt, und sie ist unumkehrbar geworden. Indes ist der Rückstand der Kommunisten in Fragen der internationalen Zusammenarbeit angesichts der Aktivitäten von Internationalisten aus anderen politischen Strömungen und Parteien – Sozialdemokraten, Grünen, Christen, Konservativen und Liberalen – besonders augenfällig. Dabei kann man wohl ohne weiteres behaupten, daß von der Überwindung dieses Rückstands, von der Vertiefung der Zusammenarbeit zwischen den kommunistischen Parteien auf das unmittelbarste die Geschicke unserer Bewegung abhängen.

Insgesamt sind wir der Ansicht, daß die kommunistische Bewegung heute einen überaus verantwortungsvollen Zeitpunkt ihrer Entwicklung durchlebt. Das ist die Zeit kühnen Suchens, Zeit zum Nachdenken, Zweifeln und Hoffen. Die Schlüsselfrage für uns alle besteht darin, die heutige Welt und ihre Probleme tiefgründiger zu erforschen, den zurückgelegten Weg, darunter auch die historischen Erfahrungen, zu durchdenken und zugleich die Wege zu markieren, die in die Zukunft führen.

Leider sind wir – wie dies auf dem November-Treffen in Moskau direkt gesagt wurde – mit dem Begreifen der neuen Realitäten am Ende des 20. Jahrhunderts eindeutig in Verzug geraten. Hier gilt es, das Versäumte aufzuholen und sich in erster Linie den neuen theoretischen Fragen zuzuwenden.

Eine aktuelle Frage dieser Art ist das Verhältnis zwischen den allgemeinmenschlichen und den Klasseninteressen und -problemen.

Theoretisch scheint die Sache klar zu sein. Einerseits besteht, wie schon Karl Marx und Friedrich Engels und später auch W. I. Lenin feststellten, die historische Mission der Arbeiterklasse in der Befreiung der ganzen Menschheit und in der Schaffung einer von sozialer und nationaler Unterdrückung, von der Geißel des Krieges usw. freien Gesellschaft auf Erden. Andererseits leiden gerade die Arbeiterklasse, die Werktätigen am meisten unter der derzeitigen Zuspitzung der globalen Probleme – unter dem Wettrüsten, den Kriegen, auch den lokalen Kriegen, darunter, daß die Probleme der Entwicklung (das »Nord-Süd«-Thema) ungelöst sind. Folglich sind vor allem die Werktätigen daran interessiert, daß die allgemeinmenschlichen Probleme gelöst werden. Für sie ist das ein Klassengebot, ein allgemeinmenschliches Gebot.

Ich möchte hier auf zwei Aspekte dieses Problems hinweisen. Der erste besteht in folgendem: Während die Marxisten früher meinten, die Überwindung der Klassenunterdrückung werde der Lösung der allgemeinmenschlichen Probleme vorausgehen, ist heute nicht mit einem Erfolg im Klassenkampf zu rechnen, wenn die allgemeinmenschlichen Losungen und Aufgaben nicht in das Rüstzeug aufgenommen werden. Das ist ein neuer Umstand, der aber von grundsätzlicher Wichtigkeit ist.

Der andere Aspekt besteht darin, den Kampf für die Lösung der allgemeinmenschlichen Probleme und den für die Lösung der Klassenprobleme konkret miteinander zu verbinden und entsprechende Losungen dafür zu finden. Das ist eine Aufgabe, die man nur unter Berücksichtigung der nationalen Besonderheiten jedes Landes lösen kann.

Es gibt noch eine Frage, die wir alle unter einem neuen

modernen Gesichtswinkel überdenken müssen: Das ist die Frage der Entwicklungswege im Kampf für den gesellschaftlichen Fortschritt unter den gegenwärtigen Bedingungen.

Viele kommunistische Parteien sind schon lange zu der Schlußfolgerung gelangt, daß in sich ständig erweiternder Demokratie ein friedlicher Weg für gesellschaftliche Umgestaltung gewährleistet werden muß. Unter den entstandenen internationalen Bedingungen ist diese Schlußfolgerung besonders aktuell.

Es können aber auch andere Situationen entstehen. Einmischung des Imperialismus und Gewalt von seiten der rechten Kräfte (die übrigens nirgends auszuschließen ist) können Gegenmaßnahmen – auch durchaus berechtigte – auslösen, darunter auch bewaffnete Handlungen von seiten der revolutionären Kräfte. Wie läßt sich ein solcher Konflikt auf den nationalen Rahmen begrenzen, wie kann verhindert werden, daß er ein neuer internationaler Spannungsherd wird? Auch über diese Problematik bedarf es eines eingehenden Meinungsaustausches, müssen alle vorliegenden Erfahrungen berücksichtigt werden.

Auf jeden Fall ist für uns klar: Gesellschaftlicher Fortschritt, auf welchen Wegen er sich auch entwickeln mag, ist heute nur bei internationalem Frieden möglich, nur wenn das Recht jedes Volkes respektiert wird, über sein Schicksal frei, ohne Einmischung von außen zu entscheiden.

Alle diese Probleme werden bereits diskutiert, bisweilen leidenschaftlich und hitzig. Im Verlauf der Diskussionen werden verschiedene, mitunter sich nicht deckende Standpunkte geäußert. Ich halte das für ganz natürlich, wenn die besondere Lage in den einzelnen Ländern und Regionen und die Besonderheiten, der Situation dieser oder jener Bruderpartei berücksichtigt werden. Wir ziehen für uns folgende Schlußfolgerung: Es ist sehr wichtig, einander aufmerksam zuzuhören, um sich gegenseitig über die Positionen und Gesichtspunkte zu informieren, insbesondere dort, wo es um allgemeintheoretische Anschauungen und Schlußfolgerungen geht. Es steht fest, daß keiner von uns Revolutionären das Recht hat, hinter der Entwicklung zurückzubleiben und die vom Leben aufgeworfenen Probleme aus dem Blickfeld zu verlieren. Die KPdSU hat sich durch eigene Erfahrung überzeugt: Jedesmal, wenn man hinter der Entwicklung zurückbleibt und komplizierten Problemen aus dem Wege geht, führt dies zu Schwierigkeiten und kann mitunter auch dramatische Situationen heraufbeschwören. Wir ziehen daraus sowohl politisch als auch in bezug auf die schöpferische Weiterentwicklung der Theorie die ernstesten Schlußfolgerungen, und dabei möchten wir auch mit den Bruderparteien zusammenarbeiten.

Die Zeitschrift »Probleme des Friedens und des Sozialismus« ist genau der Ort, wo die Vertreter der Parteien fundierte schöpferische Diskussionen führen können. Wir zweifeln nicht daran, daß sie dazu angetan sind, die einen oder anderen Positionen präzisieren zu helfen, in bestimmten Fragen zu gemeinsamen Schlußfolgerungen zu gelangen oder aber prinzipiell neue Schlüsse zu ziehen und jeder einzelnen Partei die ganze Vielfalt der in unserer Bewegung existierenden Ansichten zur Kenntnis zu bringen.

Dazu ist es unseres Erachtens erforderlich, frei, ohne Furcht vor Konfrontation der Meinungen an die Erörterung der allgemeinen und der spezifischen Probleme der Bewegung heranzugehen und eine bestimmte Kultur der Diskussionen zu entwickeln, die sowohl Einmischung in die Angelegenheiten des anderen als auch Kränkungen und gegenseitiges Abstempeln ausschließt.

Eines der nicht einfachen Probleme, mit dem sich heute im Grunde genommen die gesamte kommunistische Bewegung konfrontiert sieht, ist die Einschätzung ihrer historischen Erfahrungen. Die Geschichte der kommunistischen Bewegung, in erster Linie alles, was die Geschichte unserer Partei und unseres Landes betrifft, sind Gegenstand sich zuspitzender ideologischer Auseinandersetzungen geworden.

Als wir den Weg der Vervollkommnung des Sozialismus beschritten, mußten wir vor allem auf das Leninsche Erbe zurückgreifen. Aus unseren Erfahrungen wissen wir sehr wohl: Die größten Errungenschaften unseres Landes sind mit konsequenter Anwendung der Leninschen Prinzipien, der Leninschen Ideologie verbunden. Hingegen erlitten wir dann und dort, wo diese Prinzipien verletzt oder ignoriert wurden, Mißerfolge und zuweilen auch Niederlagen.

Wiederherstellung der historischen Wahrheit – das ist Verteidigung des Leninismus, das ist Bekräftigung seiner Wahrhaftigkeit. Wiederherstellung der historischen Wahrheit – dies ist das Fundament für die Vorwärtsbewegung, eine der wichtigsten Garantien dafür, daß sich die negativen Momente der Vergangenheit nicht wiederholen.

Natürlich werden im Verlauf der Diskussionen zu Problemen der Geschichte bei uns unterschiedliche, bisweilen auch einander entgegengesetzte Standpunkte vorgetragen. Diskussion ist Diskussion. Alle sollten jedoch wissen: Die Geschichtskonzeption der Partei wird letzten Endes die Partei selbst vorlegen.

Selbstverständlich nutzen die ideologischen Gegner unsere Offenheit in bezug auf die Vergangenheit aus. Ist das etwa neu? Die bürgerlichen Ideologen haben uns niemals in Ruhe gelassen. Früher versuchten sie, uns zu diskreditieren, wobei sie sich auf die einen oder anderen realen Ereignisse unserer Vergangenheit beriefen, die wir verschwiegen haben. Jetzt versucht man uns dafür zu diffamieren, daß wir offen über diese reden.

Die Zeitschrift »Probleme des Friedens und des Sozialismus« muß ohne Frage unsere, eine kommunistische Zeitschrift bleiben. Doch sie muß einen eigenen Beitrag dazu leisten, ein breiteres Zusammenwirken der Kräfte, die die gesamte Arbeiter- und die gesamte demokratische Bewegung repräsentieren, in Gang zu bringen.

In der Arbeiterbewegung bildet sich heute eine neue Situation heraus. Es entsteht eine günstigere Atmosphäre für die Vertiefung eines breiten Dialogs, für die Entwicklung der Beziehungen zwischen den beiden Hauptströmungen der Arbeiterbewegung – den Kommunisten und den Sozialdemokraten. Selbstredend muß man auch einer solch großen, in den Ländern Asiens und Afrikas wirkenden politischen Kraft, wie sie die revolutionär-demokratischen Parteien der Entwicklungsländer darstellen, große Aufmerksamkeit schenken. Und natürlich kann und muß sich die Zeitschrift »Probleme des Friedens und des Sozialismus« aktiver, mit mehr Feuer und kühner den Entwicklungsproblemen des Sozialismus, seiner Theorie und Geschichte, den Problemen seiner Vervollkommnung und Erneuerung zuwenden.

Dies alles ist besonders wichtig gerade jetzt, da man kühn konstatieren kann, daß die Millionenmassen der Bevölkerung aller Kontinente der Erde den Schauplatz der Geschichte betreten.«

Abschließend stellte Anatoli Dobrynin fest, daß auf der Grundlage der besten, bewährten Traditionen der Zeitschrift eine entschlossene Hinwendung zu den neuen Realitäten und Problemen, zu den heutigen ideologisch-theoretischen Erfordernissen der Bruderparteien, zum neuen politischen Denken erfolgen muß. Dabei sind die Prinzipien der Gleichberechtigung der Parteien, deren wirklich kameradschaftliche Zusammenarbeit konsequenter und gründlicher zu verwirklichen und gleichzeitig breitere Demokratie und Kollektivität der Führung der Zeitschrift zu gewährleisten.

Quelle: »Neues Deutschland«, 15. April 1988; »Unsere Zeit«, 18. April 1988. – Überschrift von der Redaktion dieses Bandes eingefügt.